DE LA

CAPACITÉ DES ENFANTS NATURELS

A RECEVOIR PAR DONATIONS

THÈSE POUR LE DOCTORAT

L'ACTE PUBLIC SUR LES MATIÈRES CI-APRÈS

Sera soutenu le mercredi 27 juin 1900, à 1 heure

PAR

Lucien GRIMAUD

AVOCAT

Président : M. BOISTEL.

Suffragants { MM. MASSIGLI, COLIN, } *professeurs.*

PARIS

LIBRAIRIE NOUVELLE DE DROIT ET DE JURISPRUDENCE

ARTHUR ROUSSEAU

ÉDITEUR

14, rue Soufflot, et rue Toullier, 13

1900

THÈSE

POUR LE DOCTORAT

DE LA

CAPACITÉ DES ENFANTS NATURELS

A RECEVOIR PAR DONATIONS

THÈSE POUR LE DOCTORAT

L'ACTE PUBLIC SUR LES MATIÈRES CI-APRÈS

Sera soutenu le mercredi 27 juin 1900, à 1 heure

PAR

Lucien GRIMAUD

AVOCAT

Président : M. BOISTEL.

Suffragants { MM. MASSIGLI, COLIN, } *professeurs.*

PARIS

LIBRAIRIE NOUVELLE DE DROIT ET DE JURISPRUDENCE

ARTHUR ROUSSEAU

ÉDITEUR

14, rue Soufflot, et rue Toullier, 13

1900

INTRODUCTION

Préoccupation fréquente des juristes et des philosophes
à de nombreuses époques et dans bien des pays, la question des droits des enfants naturels a été une de celles qui
ont le plus ému, le plus passionné nos contemporains.
La cause de ces « malheureux parias » a trouvé de nos
jours des défenseurs chaleureux : elle a été placée dans le
livre et au théâtre et elle a eu l'heureuse fortune d'être
soutenue par ce généreux penseur qui s'appelait A. Dumas
fils avec une éloquence peut-être d'autant plus grande
qu'elle était intéressée.

Il était assez facile d'ailleurs de faire ressortir l'injustice de la société à l'égard des bâtards. Repoussés
avec mépris par ce qu'on est convenu d'appeler le monde,
traités par la loi de la plus dure et, au moins en apparence,
de la plus inique façon, ils n'étaient personnellement
responsables d'aucun crime et ils expiaient cruellement
des erreurs qui n'étaient pas les leurs. Pourquoi les
législations leur avaient-elles fait cette situation déplo-
rable ? Pourquoi les avaient-elles frappés de cet ostra-
cisme ? Servaient-elles seulement (comme cela leur est
arrivé trop souvent) des préjugés regrettables, ou obéis-
saient-elles à de hautes considérations ?

On peut aisément répondre que le but poursuivi par les sociétés était un but éminemment moral : la défense du principe monogamique, fondement des sociétés civilisées ; et quand on sait quelle lenteur et quelles luttes ont présidé à la formation de la famille, on est moins tenté de s'élever contre les mesures parfois même mauvaises qui ont été prises pour sa défense ! Il n'en est pas moins vrai d'ailleurs, que le but avait été souvent dépassé sous l'influence néfaste des préjugés et que le traitement très dur infligé aux enfants naturels par la plupart des législations ne reposait parfois sur aucune nécessité et avait même de graves inconvénients. On comprend en effet, en se plaçant au point de vue social, que l'enfant naturel n'ait pas dans la succession de ses auteurs les mêmes droits que les enfants légitimes. En ce cas, on peut invoquer la défense de la famille, base de la société ; mais pourquoi l'empêcher de recevoir des donations de ses auteurs ? Comment ! Un père naturel qui doit avoir pour son enfant la même affection, la même tendresse que le père légitime pour le sien, n'aura pas le droit de faire pour lui ce qu'il pourrait faire en faveur d'un étranger ! — Non seulement c'est là une atteinte à la liberté et à l'autorité paternelle, non seulement c'est là une injustice, mais c'est encore un obstacle aux reconnaissances des enfants naturels que la loi doit encourager. Cette iniquité de bien des législations, la nôtre, celle du Code civil, l'a contenue jusqu'à la loi du 25 mars 1896.

Si nous insistons sur ce point, c'est que justement nous

voulons expliquer ici quelle était la capacité des enfants naturels à recevoir par donations d'après le Code civil et quelles transformations elle a subies du fait de la loi dont nous venons de parler.

HISTORIQUE

On peut en somme distinguer dans l'histoire quatre systèmes de législation à l'égard dés enfants naturels :

1° Un système d'indifférence consistant à les traiter purement et simplement comme des étrangers à l'égard de leurs auteurs. Légalement ils n'auront droit à rien ! Ils ne succèderont pas à leurs parents, mais on pourra leur donner tout autant qu'à des étrangers.

Tel est le système de la législation romaine jusqu'à Constantin.

2° Un système de rigueur consistant en ce que leurs auteurs ne pourront rien leur donner, si ce n'est peut-être des aliments : les enfants naturels sont alors plus mal traités que des étrangers. Tel est le système inauguré par Constantin à Rome ; tel est le système de certaines législations européennes.

3° Un système de faveur consistant à les assimiler absolument à des enfants légitimes : c'est le système de notre législation intermédiaire à l'époque de la Convention nationale.

4° Un système de rigueur mitigé par certains adoucissements en vue de concilier l'intérêt de l'enfant naturel avec le respect du mariage et de la famille légitime.

C'était le système de notre Code civil ; c'est encore au reste le système actuel : il est adopté par de nombreuses législations et c'est celui qui nous semble préférable pour beaucoup de raisons.

Les enfants naturels en droit romain.

Ceux que nous nommons aujourd'hui enfants naturels s'appelaient à Rome *spurii, vulgo concepti*, quelquefois aussi *liberi naturales* (C. Just. V. 27. *De naturalibus liberis et matribus eorum*). Cette dernière dénomination paraît surtout réservée à l'enfant né du commerce de deux esclaves ou de deux personnes dont l'une est esclave.

Au point de vue des droits qui leur étaient reconnus par la loi romaine, il faut distinguer deux périodes bien tranchées.

Dans la première, qui comprend la République et la première partie de l'Empire, les règles du droit commun leur sont applicables : le législateur semble absolument ignorer l'enfant naturel.

Pendant la seconde au contraire, l'on voit s'élaborer lentement toute une législation qui, tout en ne visant pas directement les enfants naturels, leur profite cependant singulièrement. Cette législation, par les sénatus consultes Tertullien et Orphitien et sous l'influence des idées philosophiques et humanitaires professées par les grands jurisconsultes de l'époque classique, amène d'abord l'amélioration de la situation faite aux enfants naturels par le système d'indifférence antérieur. Mais cette législation change bientôt de caractère avec l'avènement du christianisme; elle aboutit sous Constantin à une restriction rigoureuse de leurs droits.

Première période

L'ancienne loi romaine est muette au sujet de l'enfant naturel ; elle ne s'en occupe ni pour le protéger ni pour le frapper ; cette question des enfants illégitimes qui, comme nous le disions dans notre introduction, a été de nos jours l'objet des vives préoccupations des légistes et des penseurs paraît ne pas avoir été aperçue par les jurisconsultes romains et elle ne tient pas la plus petite place dans l'immense recueil du *Digeste*. L'enfant naturel est donc soumis pendant cette période au droit commun et à l'application des principes généraux.

Pour dégager ces principes, il est indispensable d'entrer dans quelques explications sur l'organisation générale de la famille romaine.

La famille à Rome était le groupement de personnes descendant d'un auteur commun et reliées entre elles dans le passé ou dans le présent par la puissance paternelle, car il n'y avait de *parenté civile* que par les hommes. Tandis que, de nos jours, chacun tient à plusieurs familles, à la famille de son père comme à celle de sa mère, à celle

de ses parents maternels comme à celle de ses parents
paternels, personne ne pouvait à Rome appartenir en
même temps à deux familles différentes. Chaque famille
était pour ainsi dire fermée, autonome, ayant son gou-
vernement, son culte, formant pour ainsi dire un État
dans l'État, lequel d'ailleurs n'était à l'origine que la
réunion de toutes les familles. Placé en dehors de ce
faisceau si fortement constitué, l'enfant naturel n'avait
point de parents paternels ; ni *paterfamilias*, ni agnats, ni
gentiles ; également il n'avait point de père, mais seulement une mère vis-à-vis de laquelle sa filiation était
établie par un fait matériel, l'accouchement.

Donc entre le père naturel et son enfant, il n'existait
aucune parenté légale et partant aucune prohibition spéciale : le père peut tout donner à son fils naturel, car le
fils n'est pour lui qu'un étranger ; il peut lui faire des
donations ou des legs, il peut l'instituer héritier, il peut
l'adopter. En revanche, si le père peut tout donner, il peut
laisser aussi son enfant dans l'indigence et dans la misère,
car cet enfant ne jouit d'aucun des avantages de l'agna-
tion ; il n'est d'ailleurs même pas le cognat de son père :
« car de même qu'il n'y avait aux yeux des Romains de
parenté civile que par les hommes, il ne pouvait y avoir
de parenté naturelle que par les femmes. (*Cum agnatio
a patre, cognatio sit a patre.* — § 4, Inst. 3, 5). Ce qui
constituait à leurs yeux le rapport naturel de parenté,
c'était un fait purement physique, non pas le fait de la
génération que la nature cache et que le juge ne peut
constater, mais le fait de la naissance ».

Il résultait de ce fait que l'enfant naturel n'était même pas le cognat de son père ; il en résultait qu'il ne pouvait jamais venir à la succession de celui-ci, qu'il n'avait droit à aucune réserve sur les biens héréditaires et qu'il ne pouvait même pas exiger des aliments ! (Ulpien, Loi 5 § 6 D. *De agn. lib.* 25, 3).

A l'égard de la mère, les enfants légitimes et les *spurii* étaient traités sur la plus complète égalité. Est-ce à dire que le bâtard retirait beaucoup d'avantages de cette situation à la période qui nous occupe ? Nullement, car à l'origine la loi romaine ne connaissait pas d'autre famille que la famille des agnats, que la parenté par les hommes. La femme n'ayant pas de nom ni de culte à transmettre n'avait pas de descendants ; elle ne pouvait tester ; elle ne pouvait avoir d'héritiers : elle était, suivant l'expression énergique d'Ulpien, *in finis familiæ suæ*.

En résumé, la législation primitive de Rome paraît tout d'abord empreinte d'une dureté et d'une rigueur inflexibles envers l'enfant né par malheur en dehors d'une union régulière. Laissé en dehors de l'organisation de la famille, le bâtard est abandonné à lui-même sans famille et sans droit. Pendant plusieurs siècles, il est vrai, cette rigueur trouva un correctif à peu près suffisant dans l'usage universel de la *manus* qui, plaçant la femme au rang de la fille par rapport à son mari, en faisait du même coup la sœur de ses enfants et par conséquent créait entre elle et eux un droit de succession réciproque dans l'ordre privilégié des consanguins. — Mais à mesure que la *manus* devint plus rare, l'iniquité descendit de la théorie dans la pratique.

Peut-être malgré cela la loi Romaine était-elle moins dure pour lui que les législations qui ont réglé minutiusement la situation de l'enfant naturel. — Si aucun droit ne lui est reconnu sur les biens de son père ou de sa mère, au moins la loi laissse-t-elle à ceux-ci le soin de régler cette question comme ils le jugent convenable, soit par dispositions entre-vifs, soit par dispositions testamentaires, sans autres limitations que celles qui étaient imposées à tout citoyen par le droit commun. La sollicitude paternelle, tout au moins si l'on en juge par les inscriptions, n'a pas du faire défaut aux enfants naturels ; enfin l'adrogation des enfants naturels encore autorisée au temps des jurisconsultes classiques pouvait leur permettre d'acquérir, au moins vis-à-vis de leur père, la condition d'enfants légitimes.

DEUXIÈME PÉRIODE

Avec les Antonins apparurent les premières dispositions législatives qui vinrent modifier la situation des enfants naturels. Sous l'influence des philosophes, des tempéraments furent apportés à ce que l'ancien droit pouvait avoir de trop absolu et de trop rigoureux.

Tout d'abord les enfants naturels profitent de mesures générales ne les visant pas particulièrement, ayant simplement pour but de donner à la cognation, c'est-à-dire à la parenté naturelle, le caractère d'une parenté légale. Le préteur avait en effet modifié dans le sens de l'équité le système successoral de la loi des Douze-Tables : par la *bonorum possessio unde cognati* il avait consacré le lien naturel du sang toutes les fois que cela était possible sans écarter ni réduire aucune vocation fondée sur la loi. Cette *bonorum possesio unde cognati* était accordée sur le triple fondement de la parenté *ex justis nuptiis*, de la parenté fictive et de la parenté naturelle.

Qu'il s'agisse en ce dernier cas d'enfants *vulgo quae-siti* ou des enfants issus *ex concubinatu*, peu importait ; il y avait vocation réciproque entre eux et les cognats de leur mère. — En était-il de même en ce qui concernait la succession du père ? Admettait-on également une vocation réciproque entre les enfants naturels et leur père ou les cognats de leur père ? Ceci est au moins peu probable. M. Accarias estime qu'il n'en était ainsi que lorsqu'il s'agissait d'enfants issus *ex concubinatu* « Si en effet, dit-il, une pareille vocation ne se conçoit pas quand il s'agit d'un *vulgo conceptus*, cela tient à ce que cet enfant n'a pas de père également certain, motif inapplicable aux enfants issus *ex concubinatu* ».

Quoiqu'il en soit, s'il est certain que depuis le sénatus consulte Orphitien l'enfant naturel était appelé en première ligne à la succession légitime de sa mère, s'il est également démontré que l'enfant *vulgo conceptus* n'avait aucun droit sur la succession de son père, il est au moins douteux que l'enfant issu du concubinat vint à titre de cognat à la succession *ab intestat* de son auteur.

Cette situation favorable des enfants naturels ne se maintint pas sous les empereurs chrétiens. Constantin leur défendit, tant qu'il existerait un héritier légitime, de recevoir quoi que ce fut de leur père, soit par donation, soit par testament.

Enfin Justinien élabora une législation nouvelle dans laquelle les droits des enfants naturels sont réglés d'une manière différente suivant les cas : 1° Ou le père décède *ab intestat* sans avoir fait de libéralités à ses enfants naturels, et ceux-ci ont droit seulement à des aliments s'ils se trouvent en présence d'une épouse légitime et de descendants légitimes; deux douzième de la succession leur sont attribués au cas contraire. — 2° Ou le père a fait au profit de ses enfants naturels des dispositions entre vifs ou testamentaires et alors les libéralités ne peuvent excéder un douzième s'il y a des descendants légitimes. — Autrement la capacité de l'enfant naturel est la même que celle d'un étranger.

Condition des enfants naturels dans l'ancien droit français

Les peuples barbares qui envahirent la Gaule au moment de la chûte de l'empire Romain apportèrent des coutumes bien différentes de la savante réglementation des lois romaines. La plupart de ces lois germaniques admettait l'exclusion absolue des enfants naturels de la succession de leurs parents. Dans le droit lombard, seuls les *filii naturales* pouvaient venir en concours avec les enfants légitimes, mais pour une part moindre.

Dans la coutume féodale qui prit peu à peu la place des anciennes coutumes barbares, les bâtards ne furent pas beaucoup mieux traités : il y a lieu cependant d'établir une distinction entre les bâtards issus de parents nobles et ceux issus de parents roturiers. Nonobstant toutes prohibitions contraires, les premiers étaient admis à toutes les charges et pouvaient recevoir de leur père de riches domaines, tandis que les seconds, considérés comme des serfs, étaient des êtres isolés auxquels la loi ne reconnaissait aucune famille, qui ne pouvaient succéder et auxquels on ne succédait pas (Arrêt de l'Échiquier de Normandie, livre Ier des Établissements de saint Louis). Bien plus, en leur qualité de mainmortables, les bâtards étaient à l'origine incapables de disposer par testament. Mais cette incapacité primitive, après d'assez sérieuses résistances, finit par tomber complètement en désuétude vers le quinzième siècle. Le droit de bâtardise ou droit de recueillir tous les biens laissés *ab intestat* par le bâtard ne s'éteignit que beaucoup plus tard. Pendant longtemps le seigneur eut un droit absolu sur tous les biens de l'enfant naturel qui était mort sans tester. Et ce n'est guère qu'au dix-huitième siècle que ce droit, qui avait déjà subi des atténuations, changea complètement de caractère ; il devint alors simplement « le droit de recueillir les biens qu'un bâtard laisse à son décès, lorsqu'il *n'en a point disposé* et *qu'il n'a point d'héritier capable* de les recueillir ».

En ce qui concerne la capacité des enfants naturels à recevoir par donations entre vifs ou à cause de mort, la plupart des coutumes contenaient les prohibitions les plus expresses. Dans les autres pays, la législation a d'abord varié, mais enfin elle s'est généralement prononcée contre les bâtards. Et les auteurs les plus célèbres se sont élevés avec force contre les arrêts qui avaient permis au bâtard de succéder à ses père et mère. D'Aguesseau professait à ce sujet la doctrine la plus rigoureuse : « La loi du royaume, disait-il, réduit également les religieux et les bâtards, quoique pour des raisons bien différentes, des successions légitimes. — Quelle a été l'interprétation de cette loi à l'égard des bâtards ? On a douté pendant quelque temps s'il était permis à un père de faire des dispositions universelles en leur faveur, mais enfin l'autorité du droit civil, la sévérité des principes, l'utilité publique ont porté le Parlement à déclarer ces institutions scandaleuses, absolument nulles et contraires aux maximes de droit et de l'honnêteté publique. Ainsi celui qui ne peut point succéder à son père *ab intestat* ne peut point espérer de devenir son héritier par testament (1). »

Les bâtards qui ne pouvaient rien recevoir par donations entre vifs n'avaient donc rien non plus à prétendre

____

(1) D'Aguesseau, t. 2, p. 14.

dans la succession de leur père décédé sans testament :
ils ne comptaient point pour computer la légitime. Ils ne
pouvaient réclamer aucune portion dans la succession
de leur aïeul paternel ni même de leurs frères et sœurs
légitimes.

En thèse générale, le bâtard était également incapable
de succéder à sa mère et à ses aieux maternels. Quelques
coutumes seulement contenaient des dispositions contraires à cette règle.

Condition des Enfants naturels au point de vue successoral dans le droit intermédiaire.

Le problème si délicat du réglement des droits successoraux des enfants naturels fut abordé et résolu par le
législateur de la Convention avec la volonté bien arrêtée
de prendre en tout le contre-pied de l'ancienne législation, dont les règles lui paraissaient iniques. La Convention en effet, au lieu de voter des modifications indispen-
sables, alla tout de suite à l'extrême et, entraînée par son
désir d'égalité, voulut effacer toute différence entre les
enfants naturels et les enfants légitimes.

Un premier décret du 4 juin 1793 posa en principe « que
les enfants nés hors mariage succèderont à leurs père et
mère dans la forme qui sera ci-après déterminée ». La
loi annoncée fut promulguée à la date du 12 brumaire
an II. L'esprit dans lequel elle a été élaborée ressort très

clairement du rapport de Cambacerès qui parlait au nom
du Comité de législation :

.... « Il existe une loi supérieure à toutes les autres,
c'est celle qui assure aux individus dont nous nous occupons tous les droits qu'on cherche à leur ravir... »
« quant à l'autorité des communes, que l'on a voulu pre-
senter comme le résultat de la volonté générale, sera-t-il
nécessaire de dire qu'elles furent l'ouvrage de tous ceux
qu'une longue suite d'abus avait séparés de la société et
qu'elles ne servirent qu'à consacrer les usurpations féo-
dales ? Aussi, à l'égard des enfants naturels simples, nous
aurions été en contradiction avec nous-mêmes si nous
n'avions pas reconnu que leurs droits devaient être les
mêmes que ceux qui sont attribués aux enfants légitimes ».

Aux termes de cette loi du 12 brumaire an II, « les
enfants actuellement existants, nés hors mariage, étaient
admis aux successions de leurs père et mère, ouvertes
depuis le 14 juillet 1789. Leurs droits de successibilité
étaient les mêmes que ceux des autres enfants. (Art. 1
et 2).

Pour exercer ces droits, les enfants naturels devaient
prouver leur filiation, soit par la représentation d'écrits
public'sou privés émanés des parents, ou par la suite des
soins donnés à titre de paternité et sans interruption
(art. 8).

C'est donc bien l'assimilation complète des bâtards aux
enfants légitimes quant à leurs droits successoraux et il

nous semble inutile d'insister sur les dangers d'une pareille législation qui devait fatalement aboutir à la suppression du mariage qui ne se distinguait plus de l'union libre.

Heureusement, la loi du 12 brumaire an II était empreinte d'un caractère transitoire qui l'a empêchée de produire des effets trop désastreux. En effet l'art. 1er ne donne des droits successoraux qu'aux bâtards déjà nés et seulement pour les successions ouvertes entre le 14 juillet 1789 et la promulgation du futur Code civil, et l'art. 10 réserve expressément la faculté pour les rédacteurs de ce Code de modifier la loi de Brumaire. Or, de nombreux arrêts (Cassation, 4 germinal et 23 messidor an X, 4 prairial an XI, 10 vendémiaire an XII), ont décidé, d'après les termes restrictifs des articles que nous venons de citer, que la loi du 12 brumaire ne s'appliquait aucunement aux successions ouvertes entre le 12 brumaire an II et le Code civil, ce qui a restreint singulièrement son champ d'application.

En outre, la règle de rétroactivité contenue dans la loi présenta dans la pratique de si graves inconvénients et suscita de si nombreux procès que le législateur fut obligé d'intervenir. Un décret du 3 vendémiaire an IV (25 septembre 1795) abrogea l'effet rétroactif du décret du 12 brumaire an II, et déclara que ce décret « n'aurait d'effet qu'à compter du jour de sa publication » (art. 13).

Quelques jours après, le 26 vendémiaire an IV, la Convention nationale décrétait que l'exécution de l'article 13 de la loi précédente, relatif aux enfants nés hors mariage, demeurait suspendue, et renvoyait à son Comité de législation, pour en faire un rapport sous trois jours, la proposition faite d'examiner s'il y a lieu à rapporter la loi du 12 brumaire an II.

Les travaux du Comité de législation aboutirent à une loi du 15 thermidor an IV.

D'après cette loi, le droit de succéder à leurs père et mère, accordé aux enfants nés hors le mariage par la loi du 4 juin 1793, n'avait d'effet que sur les successions échues postérieurement à la publication de ladite loi (art. 1er).

Cette disposition ayant pour effet de léser les enfants qui, sous l'empire des lois antérieures, avaient recueilli des successions, l'article 3 de la loi du 15 thermidor an IV décidait que les enfants déchus par la présente résolution jouiraient à titre d'aliments sur les successions de leurs père et mère d'une pension égale au revenu du tiers de la portion qu'ils y auraient prise s'ils étaient nés dans le mariage.

Les donations et autres avantages qui leur auraient été faits par leurs père et mère, devaient entrer en compensation de cette pension, les fruits et revenus exceptés.

Ces différentes lois restèrent en vigueur jusqu'au moment où fut décrétée et promulguée la partie du Code civil qui était relative aux successions (29 germinal et 9 floréal an XI). Les dispositions du Code nous ont régis jusqu'à la loi de 1896.

Quant aux droits des enfants dont les parents étaient morts dans l'intervalle de temps compris entre le 12 brumaire an II et l'époque de la promulgation des titres du Code civil relatifs aux successions, ils furent déterminés par une loi du 14 floréal an XI.

Cette loi disposait que les droits des enfants dont il s'agit seraient ceux qui leur sont attribués par le Code. Néanmoins les dispositions entre vifs ou testamentaires étaient maintenues, mais réduites à la quotité disponible établie par le nouveau Code.

Code Civil.

La Convention, dans son amour exagéré de l'égalité, n'avait pas hésité à assimiler, au point de vue du droit successoral, l'enfant naturel à l'enfant légitime. Après cette réaction violente contre notre ancien droit, on revint à des principes plus sages. Les rédacteurs du Code, convaincus à juste titre, que l'assimilation complète de l'enfant né hors mariage à l'enfant né dans le mariage ruinait la base même de la famille, mais persuadés également que le système de rigueur d'autrefois était inhumain et dépassait le but, adoptèrent un système de rigueur tempérée qui fut celui du Code civil, inspiré par cette double intention : 1º De sauvegarder les droits de la famille, 2º De traiter l'enfant naturel avec la plus grande pitié possible.

Ces idées se retrouvent d'ailleurs exprimées et d'une
façon très nette dans les travaux préparatoires de la partie du Code qui nous occupe. Treilhard disait :

« Si la nature réclame pour les enfants naturels une
portion du patrimoine paternel, l'ordre social s'oppose à
ce qu'ils le reçoivent dans les mêmes proportions et au
même titre que les enfants légitimes ».

« Le Code, disait Siméon, ne place pas les enfants naturels comme les lois peu morales du 4 juin 1793 et du
13 brumaire an II à côté des enfants nés d'un union respectable sanctionnée par toutes les lois domestiques
publiques et religieuses ; il ne les honorera pas du titre
d'héritiers, il ne leur accordera que des droits ; mais il
leur garantira la dette que leur père et mère contractent
en leur donnant la naissance. »

Ainsi, tout en reconnaissant des droits successoraux
aux enfants naturels, les législateurs du Code en restreignaient la quotité en faveur des représentants légitimes
de la famille. Et si ces enfants pouvaient venir réclamer
à la succession une partie de ce qu'ils auraient eu s'ils
étaient légitimes, d'autre part, plus mal traités que des
étrangers, ils ne pouvaient pas recevoir le disponible ordinaire, la loi fixant le maximum de ce qu'il était permis à
leurs auteurs de leur donner (art. 908 combiné avec l'article 757).

Cette dernière disposition était évidemment trop sévère,
(nous aurons occasion d'ailleurs d'en reparler) et l'opinion
publique s'éleva contre elle avec raison. La loi tout entière,

bien qu'inspirée par d'excellents principes, ne tarda pas
à sembler trop rigoureuse. La jurisprudence elle-même,
influencée par ce courant d'opinion, interpréta les dispositions obscures du Code ou même son silence dans un sens
absolument favorable aux enfants naturels ; c'est ainsi
qu'elle leur reconnut une réserve, le droit d'exiger le
rapport, le droit d'exercer le retrait successoral.

Mais tout cela ne suffisait pas, et le législateur sous
la pression de l'opinion publique se vit dans l'obligation
d'intervenir : il le fit par la loi de 1896 à l'étude de laquelle
nous allons passer.

Loi de 1896

(Art. 3) L'article 908 est modifié ainsi qu'il suit :

Article 908. — Les enfants naturels légalement reconnus ne pourront rien recevoir par donations entre vifs
au delà de ce qui leur est accordé au titre des successions. — Cette incapacité ne pourra être invoquée que
par les descendants des donateurs, par ses ascendants,
par ses frères et sœurs et les descendants légitimes de
ses frères et sœurs.

Le père ou la mère qui les ont reconnus pourront leur
léguer tout ou partie de la quotité disponible, sans toutefois qu'en aucun cas lorsqu'ils se trouvent en concours
avec des descendants légitimes un enfant naturel puisse
recevoir plus qu'une part d'enfant légitime le moins
prenant.

Les enfants adultérins ou incestueux ne pourront rien recevoir par donation entre vifs ou testament au delà de ce qui leur est accordé par les articles 762, 763 et 764.

PREMIÈRE PARTIE

**De la capacité des enfants naturels simples à recevoir
par donations**

Aux termes de l'ancien article 908 du Code civil « : les
enfants naturels ne pouvaient par donations entre vifs ou
par testament rien recevoir au delà de ce qui leur est
accordé au titre des successions ».

Les articles 756 et 757 n'accordent de droits aux enfants
naturels que dans la succession de leurs père et mère ;
l'article 908 édictait donc une incapacité relative et de disposer et de recevoir entre ces derniers et l'enfant naturel. — Pour celui-ci la succession *ab intestat* devenait
donc la règle de sa capacité de recevoir par donations
entre vifs ou par testament et la volonté de ses parents
ne pouvait rien ajouter à la portion qu'il aurait recueillie
s'ils ne lui avaient consenti aucune libéralité entre vifs
ou testamentaire.

Ce texte dans l'esprit du législateur devait servir de
sanction aux dispositions qui restreignaient dans des
limites étroites le droit de l'enfant naturel sur la succes-

sion de ses père et mère. L'inégalité que le législateur avait établie entre la postérité légitime et la postérité naturelle aurait été, pensait-on, plus nominale que réelle si les parents avaient pu la faire disparaître au moyen de donations entre vifs ou testamentaires adressées à leurs enfants naturels.

C'est pour encourager, pour honorer le mariage, que les enfants naturels ne doivent pas avoir les mêmes droits que les enfants légitimes et qu'ils sont par conséquent incapables de rien recevoir au delà de ce que la loi leur accorde comme héritiers *ab intestat*.

Cette disposition de la loi avait été vivement critiquée dès l'origine, et comme nous l'avons dit plus haut, elle méritait de l'être. Expliquer, comme l'ont fait les partisans de l'ancien article 908, que ce sont les père et mère que la loi a voulu atteindre en leur refusant la satisfaction de gratifier et d'enrichir le fruit de leur inconduite, et s'imaginer que la crainte de ne pouvoir doter de futurs enfants arrêtera qui ce soit dans le chemin de l'inconduite n'est vraiment pas sérieux. Il était plus juste de dire que c'était engager les parents à ne pas reconnaître leurs enfants naturels : ce que ne voulait certes pas la loi ; c'était en outre une iniquité car, comme le disait M. Dauphin, sénateur, à la séance du 20 juin 1895 : « La famille est bien intéressée à recevoir *ab intestat* ce que la loi lui accorde, mais elle ne peut pas réclamer la défense pour le père de famille de préférer un enfant naturel s'il le mérite à un enfant légitime qui aura démérité, ou à un ascendant, ou à un frère ayant un large patrimoine ».

Une loi qui encourage un père à léguer une partie de sa fortune à un étranger plutôt qu'à son enfant naturel, sous prétexte de défendre la famille, dépasse le but. La réforme sur les droits successoraux des enfants naturels réclamée depuis si longtemps par l'opinion ne devait pas la laisser subsister, du moins entièrement. Le projet qui avait été déposé à la Chambre desdéputés par MM. Jullien, Letellier et Rivet abrogeait même purement et simplement l'article 908 et rétablissait aussi la liberté de disposer avec les réserves si sages qui y sont apportées dans les autres textes du Code. Mais la Commission de la Chambre des députés, chargée d'examiner le projet, n'accepta pas cette abrogation et proposa une autre rédaction. Finalement le législateur de 1896 remplaça l'ancien article 908, objet des vives récriminations que nous venons d'indiquer, par la disposition suivante :

« Les enfants naturels légalement reconnus ne pourront rien recevoir par donations entre vifs au-delà de ce qui leur est accordé au titre des successions, etc ».

Ce nouvel article 908 apporte comme on le voit une grande amélioration au sort des enfants naturels ; mais une observation importante s'impose immédiatement en ce qui le concerne : tandis que, sous l'empire du Code civil, il n'y avait pas à distinguer entre les donations entre vifs et les donations testamentaires, la loi décidant d'une façon générale que l'enfant naturel ne pouvait pas recevoir plus par donations qu'*ab intestat*, au contraire, d'après le nouvel article 908, tel qu'il a été remanié par la loi de 1896, il y a lieu de distinguer entre les donations entre vifs et les legs, la capacité de recevoir par legs pour l'enfant naturel étant plus grande que celle de recevoir par donations entre vifs : l'article 908 en effet maintient les anciennes prohibitions du Code civil, lorsqu'il s'agit de libéralités provenant de donations entre vifs. Les donations comme par le passé ne sont donc valables que dans la mesure où elles ne dépassent pas le droit successoral de l'enfant naturel, et elles sont réductibles quelle que soit leur forme ou leur cause. qu'elles aient eu lieu par acte authentique, ou par don manuel, ou qu'elles aient été déguisées sous les apparences d'un contrat à titre onéreux. Les donations pour cause de mariage, les institutions contractuelles, les constitutions de dot n'échappent même point à la règle.

Au contraire, lorsque la libéralité a été faite par legs, la capacité de l'enfant est égale à celle d'un étranger, s'il n'est pas en concours avec les descendants légitimes et elle n'est plus limitée que par les droits de réserve des autres héritiers.

Dans le premier cas, c'est-à-dire si l'enfant naturel se trouve en concours avec des enfants légitimes, il ne peut jamais avoir plus que l'enfant légitime le moins prenant.

Dans le second cas, ou bien l'enfant naturel se trouve en concours avec le père, la mère ou même un autre ascendant du *de cujus* venant à la succession et alors son droit de légataire est limité par la réserve accordée à ces ascendants, ou bien il n'est en concours dans la succession *ab intestat* qu'avec des frères ou descendants d'eux, et il peut recevoir maintenant par voie testamentaire toute l'hérédité.

Il en est de même à plus forte raison s'il ne se trouve qu'en présence de l'époux survivant qui dans ce cas se voit enlever l'usufruit que la loi lui confère sans y joindre aucun droit de réserve.

Quel est le motif de cette différence établie par la dernière loi entre les libéralités entre vifs et les libéralités testamentaires ? Il est indiqué dans les travaux préparatoires : c'est que la donation entre vifs est irrévocable tandis que le legs est révocable et que, par conséquent, la donation entre vifs est plus dangereuse pour le donateur que le legs ; c'est ce que disait d'ailleurs le rapporteur de la Chambre des Députés, M. Julien, qui s'exprimait en ces termes :

« Votre Commission a pensé qu'il y avait lieu de faciliter au père où à la mère la possibilité, lorsqu'il le jugerait convenable. par un acte de sa volonté consciente, raisonnée et persévérante, d'améliorer la situation que ferait à l'enfant naturel reconnu la législation nouvelle. Cette amélioratien ne saurait d'ailleurs, sous son empire, avoir lieu que dans un seul cas, celui du concours de l'enfant naturel avec un enfant légitime. Dans cette circonstance, elle vous propose de permettre au père ou à la mère qui en aura manifesté la volonté, d'attribuer à l'enfant naturel reconnu une part de ses biens égale à celle d'un enfant légitime. Mais elle a aussi pensé que cette volonté ne saurait se manifester au moyen de la donation entre vifs. La donation est, dans notre Code, un acte irrévocable ; elle peut être le fruit d'un mouvement spontané, irréfléchi et ne présente aucune des garanties nécessaires en cette matière ; aussi ne saurait-elle convenir ici : seul le testament, acte toujours révocable, manifestation quand il reçoit son exécution d'une volonté persévérante jusqu'à l'heure de la mort peut remplir ce but. Aussi votre Commission a-t-elle été d'avis, tout en maintenant l'interdiction pour les enfaits naturels de recevoir par donations entre vifs au-delà de ce qui leur est attribué par la loi, de laisser à leurs auteurs la faculté, quand ces enfants viendront en concours avec des enfants légitimes, de leur attribuer par dispositiont estamentaires une part d'enfant légitime ».

M. Dauphin, rapporteur au Sénat, soutenait une théorie semblable :

« La Chambre des Députés, disait-il, n'a pas été jusqu'à autoriser toutes les libéralités. Se méfiant avec raison des influences passagères, des commerces illégitimes, elle a défendu les donations entre vifs à cause de leur irrévocabilité, etc. ».

Les motifs invoqués par les honorables rapporteurs semblent assez critiquables. La thèse contraire peut être soutenue avec au moins autant de justesse, car on peut aisément expliquer que la donation entre vifs est moins dangereuse que le legs. On se laisse bien moins facilement entraîner à donner entre vifs qu'à disposer de sa fortune par testament, car la diminution de patrimoine que subira le donateur sera actuelle et irrévocable et ce ne sera pas sans raisons très sérieuses qu'il se dépouillera lui-même :

« Je peux dire, répliquait M. Grivard, sénateur, au rapporteur de la loi, qu'il y a même en ce qui concerne les donations, un frein qui n'existe pas pour le testament. On ne donne pas volontiers ; pourquoi ? Parce que la donation dessaisit d'une manière actuelle et irrévocable. On lègue plus volontiers qu'on ne donne, D'où il résulte que, dans le système de la Commission, on se trouvera en face d'une tendance à avantager la famille naturelle au détriment de la famille légitime, tendance qui ne contiendra aucun frein. Puis en général, dans les cas les plus nombreux, le testament est l'œuvre de la dernière heure. C'est un acte qui émane d'une volonté souvent affaiblie, atteinte gravement par la maladie et se manifestant à un moment où le disposant, assiégé par toutes les intrigues, ne peut leur opposer peut-être ni la force de sa volonté, ni la plénitude de son discernement ».

Le legs paraît donc plus dangereux que la donation entre vifs, car on se laisse aller plus facilement à léguer qu'à donner. On aurait plutôt compris une distinction en sens inverse ; d'ailleurs d'autres inconvénients que ceux qui viennent d'être signalés ne sont-ils pas à craindre ?

« Ne comprenez vous pas, Messieurs, s'écriait M. Grivart que, si, comme le propose la Commission, dérogeant à la loi actuelle vous consentez à ce que les droits de l'enfant naturel ne soient pas immuablement fixés par la loi, vous introduisez la discorde dans la famiile, vous avivez l'hostilité déjà latente entre les deux filiations ? Et à quel moment la discorde deviendra-t-elle plus vive, plus douloureuse, plus attristante ? Au moment suprême, alors que le décès du père de famille sera proche, vous verrez le moribond entouré par ses enfants des deux origines en conflit aigü, luttant à son chevet, les uns pour obtenir ce que la loi nouvelle permettra qu'on leur donne et les autres s'efforçant au contraire de les faire maintenir dans les limites ordinaire du droit de succession ».

N'aurait-il pas mieux valu, comme l'avaient proposé tout d'abord les auteurs du projet, ne faire aucune distinction entre les donations et les legs et abroger purement et simplement l'article 908? On a souvent reproché au Code d'avoir restreint d'une façon trop excessive les droits du père et de la mère de disposer à titre gratuit de leur fortune personnelle ; du moins la quotité disponible est-elle à leur entière disposition et ils peuvent la léguer ou la donner à qui ils veulent ; pourquoi ne pas leur laisser la liberté de la donner à des enfants qu'ils doivent aimer tout autant que des enfants légitimes et qui ne sont en rien responsables des erreurs et des fautes que la loi peut reprocher à leurs parents ?

Mais le projet préconisé par les rapporteurs à la Chambre des Députés et au Sénat constituait une disposition transactionnelle entre deux systèmes opposés, entre celui qui prétendait maintenir toutes les sévérités légales contre les enfants naturels et celui qui désirait le retour aux principes adoptés par notre droit intermédiaire. Les solutions mixtes ont toujours beaucoup de chances d'être adoptées en France. Aussi, c'est en vain que M. Thézard, sénateur, s'éleva très éloquemment contre le projet de la Commission, que, d'accord sur ce point avec M. Grivard, il montra le peu de fondement de la distinction établie par l'article 908 entre les legs et les donations : le système transactionnel triompha à une forte majorité.

En ayant terminé avec ces considérations générales sur la capacité des enfants naturels à recevoir par donations, nous avons l'intention d'entrer dans les détails de notre première partie en traitant :

1° Des donations entre vifs (chapitre Ier).

2° Des legs (chapitre II).

3° Des libéralités déguisées ou faites par personnes interposées (chapitre III).

4° Du rapport des libéralités reçues par l'enfant naturel à la succession de son auteur (chapitre IV).

CHAPITRE PREMIER

D'après le premier paragraphe de l'article 908, les donations faites aux enfants naturels par leurs parents ne valent qu'autant qu'elles n'excèdent pas leurs droits successoraux :

« Les enfants naturels légalement reconnus ne pourront rien recevoir par donations entre vifs au delà de ce qui leur est accordé au titre des successions ».

On ne peut donner à l'enfant naturel plus que sa part héréditaire : pour savoir alors quelle est exactement la capacité de l'enfant naturel à recevoir par donations entre vifs, il nous est donc indispensable d'indiquer quel est d'après le Code son droit héréditaire *ab intestat*. Nous étudierons d'abord ce qu'il était avant la loi de 1896; nous verrons ensuite ce qu'il est devenu après.

Le droit de succession des enfants naturels était réglé autrefois par les articles 756, 757 et 758 du Code civil.

Il en résultait que les enfants naturels, successeurs irréguliers, c'est-à-dire privés à ce titre de la saisine, ne pouvaient réclamer le droit de succession *qu'autant qu'ils étaient légalement reconnus.*

En ce qui concerne le montant du droit héréditaire de l'enfant naturel, il y avait lieu de distinguer :

1° Si l'enfant naturel était en concours avec des enfants ou descendants légitimes.

En ce cas, il avait droit au tiers de la portion héréditaire qu'il aurait eue s'il eut été légitime. Ainsi, le défunt laissait un enfant légitime et un enfant naturel : si l'enfant naturel avait été légitime, il aurait eu droit à la moitié de la succession ; il pouvait donc réclamer le tiers de la moitié, soit un sixième.

2° Si l'enfant naturel se trouvait en concours avec des ascendants, ou avec des frères ou sœurs du défunt, il avait alors la moitié de ce qu'il aurait eu s'il eut été légitime, c'est-à-dire la moitié de la succession, car si l'enfant naturel eut été légitime, la succesion tout entière lui aurait été dévolue.

3° Si l'enfant naturel n'était en présence que de collatéraux ordinaires, il avait droit aux trois quarts de ce qu'il aurait eu s'il avait été légitime, par conséquent aux trois quarts de la succession.

4° Enfin, l'enfant naturel avait droit à la totalité des biens lorsque ses père et mère ne laissaient pas de parents au degré successible.

Il y avait lieu d'assimiler à ce cas celui où tous les parents du défunt renonceraient à la succession ou en seraient écartés comme indignes.

Telles étaient dans leur ensemble et sans entrer dans les détails des controverses que nous nous proposons d'examiner plus loin, les dispositions de l'ancienne loi, au sujet des droits successoraux des enfants naturels.

Egalement éloigné du système de rigueur adopté par notre droit coutumier, et du système de faveur consistant à assimiler complètement l'enfant naturel à l'enfant légitime, qui fut en honneur à la période de notre droit intermédiaire, le système du Code civil paraît avoir l'avantage de concilier autant que faire se peut, dans cette très délicate question, les intérêts respectables qui se trouvent en conflit : ceux de l'enfant, victime innocente des nécessités sociales, et ceux de la famille, base de la société, en établissant une juste différence entre les quote-parts des enfants légitimes et des enfants naturels sans traiter cependant ces derniers en parias n'ayant rien à attendre de ceux qui leur ont donné le jour.

On a fait cependant de nombreux reproches à ce système du Code civil, et les récriminations sont venues de tous les côtés à la fois, et des moralistes, et des hommes de lettres, et des hommes politiques et même des juristes. Il leur était facile à tous de nous émouvoir profondément en nous peignant sous les plus noires couleurs la situation de l'enfant naturel, du « bâtard », expiant une faute qui n'est pas la sienne.

« L'esclave a conquis la liberté, s'écrie Emile de Girardin (*Questions philosophiques*); est-ce que le bâtard ne finira pas par conquérir l'égalité ? Est-ce que l'enfant innocent a moins de droits que le père coupable à la justice de la société ? Est-ce que l'enfant de la nature est d'essence inférieure à celui de la loi ? »

Quant à Alexandre Dumas fils, il ne cessa de plaider (et avec quelle enthousiaste éloquence) la cause du bâtard tenu à l'écart par la société, outrageusement lésé par les lois.

Des juristes n'ont pas été moins sévères que les hommes de lettres dont nous venons de parler, et, ironiquement ils se sont demandé si véritablement l'honneur du mariage était représenté par l'accord existant entre le sixième de la succession accordé à l'enfant naturel et les cinq sixièmes accordés à l'enfant légitime.

MM. Letellier, Jullien et Rivet, les députés auteurs du projet qui est devenu la loi de 1898, étaient également partisans de l'assimilation complète des enfants naturels aux enfants légitimes, et l'article 757 de la proposition primitive était ainsi formulé :

« Les enfants naturels légalement reconnus héritent de leur père où mère ou de l'un et de l'autre lorsque l'un et l'autre les ont reconnus, comme les enfants légitimes ».

« De nos jours, disaient les honorables députés à l'appui de leur proposition, le droit naturel en s'affirmant et en se dégageant des diverses doctrines religieuses et philosophiques, tend à s'appuyer sur les seuls faits de l'ordre expérimental et peut enfin admettre qu'un droit naît d'un état de fait et non d'une théorie sentimentale établie *a priori* qui néglige et repousse par passion ou par intérêt jusqu'à l'évidence même. — L'idée de justice a pu revêtir une forme plus concrète et les principes qui en découlent se sont généralisés progressivement, basés qu'ils sont sur la constatation de résultats à peu près identiques chez tous les peuples civilisés ».

Après de nombreuses discussions et malgré d'assez vives résistances, la rédaction de MM. Letellier, Jullien et Rivet fut abandonnée par la commission de la Chambre des Députés. Reprise à la Haute Assemblée par M. le sénateur Demôle, elle fut repoussée, à juste titre, croyons-nous, par le Sénat, après les observations de M. Dauphin qui dans son rapport répondait en ces termes à la théorie de M. Demôle :

« Dans le sens vrai et universellement accepté, la famille est une institution sociale qui procède du mariage, elle lui est invinciblement attachée, elle en assure le maintien et la dignité et ne se forme, ne se perpétue que par lui. Le législateur n'a pas le droit de l'ébranler. Conclure des devoirs du père et la mère naturels à l'obligation d'imposer avec égalité leurs enfants illégitimes à ceux qui sont nés ou naîtront de justes noces, c'est sacrifier un intérêt supérieur et général à des situations particulières et exceptionnelles, détourner les unions légitimes, encourager le désordre des mœurs et provoquer des discordes et des haines au milieu desquelles le lien du sang, sous le prétexte d'être plus largement respecté, risquerait de se relâcher et de se rompre. Ce

serait en outre conduire logiquement à la même solution
pour les enfants adultérins et incestueux envers lesquels
la gravité de leur faute rend encore la responsabilité des
parents plus lourde.

« La recherche de la paternité devrait réapparaître,
comme le décret de brumaire an II l'avait logiquement
aussi rétablie et il n'y aurait aucune raison de refuser
effet contre le conjoint et contre les enfants légitimes aux
reconnaissances faites pendant le mariage des enfants
naturels nés avant qu'il eut été contracté, toutes choses
que les honorables auteurs de la proposition d'assimilation complète des enfants naturels aux enfants légitimes
refusent, tant les nécessités sociales dominent les intérêts
particuliers et parfois les idées de justice absolue ».

On ne saurait mieux dire : c'est pourquoi, comme nous
l'avons déjà dit, nous estimons que les législateurs de
1897 ont eu raison de s'en tenir aux principes qui avaient
guidé leurs prédecesseurs du commencement du siècle, de
prendre le juste milieu entre les deux précédentes législations extrêmes, l'une dans ses rigueurs, l'autre dans son
indulgence, et de protéger la famille, sans oublier l'humanité. Car le jour où les enfants naturels seraient entièrement assimilés dans la famille aux enfants légitimes,
il n'y aurait plus, comme le disait le Garde des Sceaux
M. Trarieux, entre l'union libre et le mariage que l'épais-
seur d'un parchemin.

La loi nouvelle a donc maintenu les différences anciennes entre les enfants naturels et les enfants légitimes ; mais :

1° Elle a attribué aux enfants naturels de plein droit la saisine héréditaire. Nous indiquons cette innovation sans rentrer dans des détails qui nous feraient sortir de notre cadre.

2° Elle a modifiée la quotité des droits successoraux des enfants naturels : c'est ce qui résultent des articles 756, 758, 759, 760, etc., qui disposent que :

A. En concours avec des enfants légitimes, l'enfant naturel a la *moitié* de ce qu'il aurait eut s'il eut été légitime, au lieu du tiers de la même fraction que lui attribuait l'ancien article 757.

B. Dans le cas de concours de l'enfant naturel avec des ascendants frères et sœurs du défunt, le nouvel article 759 réalise deux réformes très importantes. — (α) Il élève, dans l'hypothèse indiquée, de la moitié aux trois quarts de l'hérédité, le droit successoral de l'enfant naturel. — (β). Il met par un texte formel sur le même rang que les frères et sœurs les descendants légitimes de ceux-ci.

C. Enfin l'article 760 dit que c'est aux collatéraux privilégiés et aux ascendants que s'arrête le droit successoral de la famille légitime, en concours avec l'enfant naturel : les collatéraux ordinaires sont désormais exclus par lui.

Telles sont, en quelques mots, les modifications introduites par le législateur de 1896 dans les droits successoraux des enfants naturels, droits successoraux qu'il nous est indispensable de connaître pour savoir ce qu'ils pourront recevoir par donations entre vifs ; mais l'application des règles que nous venons de poser ne va pas sans soulever de nombreuses et importantes controverses, et il nous faut reprendre une à une, en entrant dans les détails, les hypothèses que nous venons d'énumérer.

A. S'il n'y a aucune difficulté sérieuse dans le cas où un enfant naturel vient *seul* en concours avec un ou plusieurs descendants légitimes, il n'en est plus de même, dans l'hypothèse contraire de plusieurs enfants naturels, venant en concours avec un ou plusieurs enfants légitimes. Cette question qui a beaucoup passionné la doctrine avait été l'objet de solutions aussi nombreuses que différentes sous l'empire du Code civil. La loi nouvelle qui aurait dû trancher la question, ayant gardé le silence sur ce point intéressant, il est nécessaire de passer en revue les divers systèmes qui ont été proposés.

Dans un premier système constamment suivi par la jurisprudence, on suppose tous les enfants légitimes ; on recherche ce qui serait revenu à chacun d'eux dans cette hypothèse et on lui attribue le tiers de la part ainsi calculée. Par exemple, le *de cujus* laisse un enfant légitime et deux enfants naturels. Si chaque enfant naturel eût été légitime, il y aurait eu trois enfants légitimes venant concurremment à la succession et chacun aurait pris un tiers. Il faudra donc donner à chaque enfant naturel le tiers de ce tiers, soit un neuvième (avec la nouvelle loi la moitié du tiers, soit un sixième), et il restera sept neuvièmes pour l'enfant légitime (maintenant quatre sixièmes).

Ce système est évidemment très simple, mais il est critiquable en ce sens qu'il traite chaque enfant naturel aussi rigoureusement que s'il se trouvait en présence seulement d'enfants légitimes et ainsi chaque enfant naturel ne profite pas du retranchement subi par ses frères naturels. Malgré cette objection grave, la solution que nous venons d'indiquer a pour elle la majorité des auteurs qui invoque en sa faveur les termes de la loi et encore la maxime *in dubio contra liberos naturales* (Aubry et Rau, Demolombe, Chabot, Demante, Baudry-Lacantinerie, etc., etc.).

Un second système prétend que si un enfant naturel a droit à la moitié de la portion d'un enfant légitime, deux enfants naturels auront droit aux deux moitiés de la portion, et que, par conséquent, ils devront prendre ensemble autant qu'un enfant légitime ; en un mot, que la part de l'enfant naturel devra toujours être de la moitié de celle de l'enfant légitime. Dans ce système, le calcul est également très simple ; on multiplie par deux le nombre des enfants légitimes, on ajoute le nombre des enfants naturels, on divise la succession en autant de parts, et on attribue deux de ces parts à chaque enfant légitime, et une à chaque enfant naturel.

Malheureusement, ce mode de supputation qui était tout à fait inconciliable avec le texte de l'ancien art. 757, l'est également avec le texte nouveau qui attribue à l'enfant naturel, non pas la moitié de la part d'un enfant légitime, mais la moitié de ce qu'il aurait eu lui-même, s'il eut été légitime, ce qui est bien différent. En effet, l'enfant naturel qui se trouve en concours avec un enfant légitime pour partager une hérédité de douze mille francs par exemple, n'a droit qu'à la moitié de la moitié qu'il aurait obtenue s'il était légitime ; sa portion n'est donc que d'un quart de l'hérédité, soit trois mille francs. Si au contraire, on adopte le système que nous venons d'exposer, on arrive à des conséquences absolument différentes : en effet, on a un enfant naturel auquel on ajoute deux fois le nombre des enfants légitimes (ici un), ce qui fait un total de trois ; au lieu d'un quart et de trois mille francs, l'enfant naturel aura un tiers et quatre mille francs. Le point de départ de ce second système est donc absolument faux.

On a prétendu d'autre part, que dans le partage fictif à faire entre les enfants légitimes et les enfants naturels, il ne fallait assimiler les derniers aux premiers que successivement, et non simultanément, de manière à attribuer à chaque enfant naturel, la moitié de la part qu'il aurait eue comme enfant légitime, en concours avec des enfants naturels.

Ainsi, en supposant par exemple une hérédité d'une valeur de trente-six mille francs, à laquelle se trouvent appelés un enfant légitime et deux enfants naturels, l'un des enfants naturels raisonnerait ainsi : « Si j'étais légitime, et en présence d'un autre enfant légitime et d'un enfant naturel, ce dernier n'aurait droit qu'à un sixième d'hérédité, c'est-à-dire à six mille francs ; il reste donc trente mille francs à partager entre mon frère légitime et moi, ce qui donnerait quinze mille francs à chacun de nous. Il me revient donc en réalité la moitié de quinze mille francs, c'est-à-dire sept mille cinq cents francs. L'autre enfant naturel s'exprimant de même, recueillerait aussi sept mille cinq cents francs, et l'enfant légitime se trouverait réduit à vingt-et-un mille francs.

Les auteurs de ce troisième système défendu par Unterholzner (*Juristische alhandlungen. 1, p. 15*) pensait remédier ainsi aux inconvénients plus haut signalés du premier système qui a le tort de traiter chaque enfant naturel aussi durement que s'il se trouvait seulement en présence d'enfants légitimes ; mais outre qu'il donne lieu à des calculs assez complexes qui le rendent d'une pratique peu aisée, il a théoriquement un vice grave qui consiste en ce que chaque enfant naturel suppose, pour déterminer sa part, que celle de son frère naturel se trouve déjà fixée, tandis qu'elle ne l'est point encore et finit par réclamer une part supérieure à celle qu'il attribue fictivement à ce dernier, quoique les enfants naturels aient tous des droits égaux. En outre dans le cas où il existait plus de trois enfants, il avait pour résultat (avant la loi nouvelle) de leur donner plus de la moitié de l'hérédité, résultat inadmissible puisque les enfants naturels ne pouvaient en concours avec un ascendant prendre plus de la moitié.

Enfin un quatrième système a été défendu par M. Gros : lorsqu'un enfant naturel, remarque-t-il, est en concours avec un enfant légitime, la loi lui donne le quart de la succession, les trois autres quarts restant à l'enfant légitime : il existe donc un rapport de un à trois entre les parts attribuées à chaque classe d'enfants. Pour être logique, il faut donc attribuer à l'enfant légitime, quelque soit le nombre des enfants naturels, une part triple de celle que prendra chacun de ces derniers.

Ce système d'apparence séduisante a néanmoins un grave défaut, car il conduit en pratique à des résultats analogues à ceux du troisième.

Quoiqu'il en soit et bien que le premier système soit presque unanimement accepté, il eut été désirable que le législateur indiquât d'une façon précise et dans un texte la solution qui lui agréait le mieux. Malheureusement, il n'en a rien été.

A la Chambre des Députés pourtant, la Commission avait élaboré un système assez simple qui était ainsi conçu :

« Pour opérer le partage, il suffira de supposer le nombre des enfants légitimes double de ce qu'il sera réellement, d'y ajouter celui des enfants naturels et de faire autant de parts égales qu'il sera censé y avoir d'enfants. Chaque enfant naturel prendra une part, chaque enfant légitime en prendra deux ».

C'était en somme, quoi qu'en eut dit M. Jullien, le second système qu'adoptait la Commission et non point celui de la jurisprudence ; mais au Sénat, cette proposition sur le calcul de la part des enfants naturels a été rejetée après les observations suivantes de M. Dauphin, rapporteur :

« Ce mode de calcul que plusieurs auteurs ont imaginé, mais que la jurisprudence a condamné est en contradiction manifeste avec le principe posé dans l'article 757 lui-même ». (C'est ce que nous avons montré plus haut).

Et l'honorable rapporteur concluait :

« Votre Commission n'a point tenté de substituer un autre calcul à celui qu'elle repousse ni de codifier celui que la jurisprudence et la pratique ont adopté : sur ce point comme sur beaucoup d'autres, elle a admis comme certains les résultats acquis ».

Finalement la proposition votée par la Chambre des Députés, a été repoussée par la Haute Assemblée et a disparu de la loi. Les choses sont donc restées en l'état, ce qui a eu pour résultat de maintenir les anciennes controverses que nous avons expliquées ; il n'en est pas moins certain que le système de la jurisprudence a été implicitement sanctionné par le législateur et il est probable maintenant qu'il ne sera plus guère contesté d'une façon sérieuse. Donc, pour en finir sur ce point et pour préciser, on déterminera la portion de l'enfant naturel en faisant d'abord entre les descendants légitimes et l'enfant naturel fictivement envisagé comme enfant légitime un partage provisoire de l'hérédité qu'on opère d'après les règles relatives à l'ordre de la succession régulière. On obtient ainsi la quote-part héréditaire qu'aurait recueillie l'enfant naturel en qualité d'enfant légitime. On prend ensuite la moitié de cette quote-part et le résultat de cette dernière opération indique la portion qui doit, en réalité, lui revenir.

Comme par le passé, les descendants d'un enfant légitime prédécédé en concours avec un enfant naturel du *de cujus* viennent à la succession par représentation de leur auteur et ne comptent, par suite, que pour une tête.

Enfin, en cas de renonciation ou d'indignité d'un enfant naturel, sa part vient s'ajouter à l'actif successoral et la succession est partagée comme si cet enfant n'avait jamais été héritier. Aucun doute ne peut subsister maintenant à ce sujet, la loi de 1896 ayant fait des enfants naturels des héritiers au même titre que les enfants légitimes.

Si la nouvelle loi a laissé subsister jusqu'à un certain point les anciennes controverses en cas de concours des enfants naturels et des enfants légitimes, elle a du moins fait disparaître celles qui divisaient la doctrine à propos de l'ancien article 757 remplacé par l'article 759.

Cet article 757 était ainsi conçu :

« Le droit des enfants naturels est de la moitié lorsque les père ou mère ne laissent pas de descendants, mais bien des ascendants ou des frères et sœurs ».

Nulle difficulté lorsque, selon les termes de notre article, l'enfant naturel se trouvait en présence d'ascendants ou de frères : la loi était suffisamment explicite. Mais quelle était la portion des enfants des frères et sœurs, c'est-à-dire des neveux ? Devait-on, appliquant le système de la représentation, les traiter comme leurs auteurs et leur donner la moitié de l'hérédité ? Ou bien fallait-il les placer sur la même ligne que les collatéraux ordinaires ? Cette question était très discutée.

La jurisprudence appuyée par quelques auteurs était défavorable à la représentation (En ce sens, arrêt de la Cour de cassation du 2 mai 1888). Les partisans de cette théorie faisaient remarquer : 1° que l'article 757 après ces mots « ni frères ni sœurs » n'ajoutait point : « ni descendants d'eux » comme on le voit souvent ailleurs. — Que l'omission était d'autant plus remarquable que deux fois le même article parlait des frères et sœurs sans nommer leurs descendants ; 2° ils insistaient également sur ce point que la représentation n'était instituée que pour les successions régulières ou légitimes (l'article 742 qui en contient ce principe étant dans le chapitre III du titre des successions) et n'était nullement rappelée dans le chapitre suivant où il n'est question que des successions irrégulières.

La majorité des auteurs et les plus importants d'entre eux (Chabot, Demolombe, Aubry et Rau, Marcadé, etc.) adoptaient au contraire le système opposé. Ils répondaient que l'article 757 n'est pas la seule disposition où le principe de la représentation soit sous-entendu. Exemple : Dans l'article 752 il est dit que s'il n'y a de frères et sœurs que d'un côté, ils succèdent à la totalité à l'exclusion de tous autres parents de l'autre ligne. Les neveux ou les nièces n'excluraient pas moins par représentation les mêmes parents.

Les adversaires de la jurisprudence soutenaient en outre que, trop servilement attachée au texte de la loi, elle méconnaissait l'intention évidente du législateur comme semblaient le prouver certains travaux parlementaires préparatoires. Quant à ce fait que l'article 742 ne semblait s'appliquer qu'aux successions régulières, ils ripostaient que l'enfant naturel était assimilé à l'héritier sous presque tous les rapports et que d'ailleurs si la loi lui avait refusé la qualité d'héritier, ce n'avait pas été pour améliorer sa condition, ce à quoi aboutissait la jurisprudence en étendant ses droits successifs au détriment des neveux et nièces.

Il ne reste plus rien désormais de ces controverses, l'article 759 de la nouvelle loi mentionnant d'une façon précise les descendants des frères et sœurs que l'article 757 passait sous silence. Voici d'ailleurs le texte de l'article 759 nouveau :

« Le droit des enfants naturels est des trois quarts lorsque les père ou mère ne laissent pas de descendants mais bien des ascendants ou des frères et sœurs ou des descendants légitimes des frères et sœurs. »

Outre qu'il met par un texte précis les descendants légitimes des frères et sœurs sur le même rang que ceux-ci, il élève, comme nous l'avons déjà vu, de la moitié au trois quarts de l'hérédité les droits successoraux de l'enfant naturel.

Le projet voté par la Chambre des Députés contenait d'abord sur ce point une rédaction différente :

« Lorsqu'il se trouvera en présence non plus de descendants légitimes, mais seulement d'un ou plusieurs ascendants, l'enfant naturel légalement reconnu aura droit à la moitié de la succession en pleine propriété et à la nue-propriété de l'autre moitié. Le ou les ascendants auront dans tous les cas. nonobstant toute disposition entre vifs ou testamentaire, droit à l'usufruit de cette seconde moitié ».

M. Julien justifiait ainsi cette partie du nouvel ar-article 757 :

« Indépendamment, il existe encore un autre ordre d'héritiers légitimes dont le droit a paru à votre Commission d'une nature tellement respectable qu'elle n'a pas hésité à limiter en leur faveur la capacité successorale qu'elle reconnaît à l'enfant naturel reconnu. Ceux-ci en effet sont dans une situation exceptionnelle. Ils tiennent par les liens les plus forts à l'auteur de l'enfant naturel. Conviendrait-il d'ajouter à la douleur causée par sa perte, la perte de tous les biens qui appartiennent à leur fils où à leur fille et de les exclure de la succession de leur enfant au profit de celui qui est entré en quelque sorte malgré eux dans leur famille ? La majorité de la Commission ne l'a point pensé. Une nouvelle considération surtout l'a décidé. Aucun lien de parenté n'existant et ne devant exister entre l'enfant naturel et les ascendants de son auteur, la dette alimentaire n'existe point

entre eux. Il fallait donc éviter le scandale qui eût pu se
produire d'un enfant naturel recueillant une opulente
succession et pouvant légalement laisser dans la gêne les
ascendants de son auteur. Mais s'il importait d'imposer
ici une limitation nouvelle il convenait de lui laisser aussi
un caractère viager et en quelque sorte élémentaire, car
elle est surtout appelée à remplacer une obligation qui
n'existe point par suite du défaut de parenté. Aussi votre
commission est-elle d'avis de n'accorder aux ascendants
qu'un droit d'usufruit et cela alors même qu'il n'existerait
d'ascendants que dans une seule ligne. »

Ainsi dans ce système, non seulement les ascendants
n'avaient qu'une part en usufruit, mais encore les frères
et sœurs étaient complètement exclus.

Mais le Sénat n'accepta ni dans la forme, ni dans le
fond la proposition de la Chambre. Déjà dans son rapport
M. Dauphin s'en était expliqué en ces termes :

« Au cas de partage avec des ascendants, la Chambre
des députés a, suivant votre Commission, dépassé la
mesure en faveur de l'enfant naturel. C'est presque l'assimiler à l'enfant légitime que de le priver seulement de
la jouissance de la moitié de la succession, pendant un
temps souvent très court et l'ascendant a le droit de la
réclamer pour la faire rentrer dans la famille égale, la
toute propriété d'une partie des biens que la famille irré-
gulière doit presque toujours à ses sacrifices et à ses
largesses. Mais proposons de suivre la progression des-
cendante adoptée par le Code civil et d'élever la quotité

du droit héréditaire des enfants naturels de moitié aux trois quarts, comme vis-à-vis d'enfants légitimes, nous l'avons fait passer d'un tiers à la moitié. Les mêmes motifs empêchent votre Commission d'exclure les frères et sœurs, collatéraux auxquels la doctrine a donné le nom de privilégiés. Nés directement des parents communs, élevés ensemble dans une profonde intimité, ils font comme les ascendants partie intégrante de la famille : comme eux, ils feront rentrer une portion des biens qui avaient été détachés du patrimoine dans un but familial et ont été détournés de ce but par une paternité illégitime. On ne saurait d'ailleurs comprendre que les frères et sœurs qui, dans les successions sont préférés aux aïeuls et aux aïeules, soient dans une moins bonne situation qu'eux vis-à-vis des enfants naturels. La Commission propose de les mettre sur le même pied. C'était le système du Code civil. Nous avons assimilé les neveux et nièces aux frères et sœurs appelés de leur chef ou par représentation dans les successions par l'article 759, alinéa 2 ; il n'y a pas de motif de les faire passer dans la seconde catégorie des collatéraux, lorsqu'il y a des enfants naturels. Une divergence existe sur ce point entre la jurisprudence de la Cour de Cassation, et une partie de la doctrine. Notre Commission s'est prononcée pour cette dernière qui fut celle du Conseil d'État et du Corps législatif de l'an XI ».

Ce ne fut pas sans bataille et bataille assez vive, que la Commission du Sénat l'emporta à la Haute Assemblée.

Le droit successoral des frères et sœurs fut surtout énergiquement discuté. M. Demôle, ancien ministre de la Justice, dont l'influence est grande au Sénat et qui était un partisan résolu de l'assimilation complète de l'enfant naturel à l'enfant légitime, défendait éloquemment le projet de la Chambre.

« Est-ce une raison, disait-il, parce que vous avez décidé que l'enfant naturel est dans une situation inférieure à celle de l'enfant légitime pour décider que ce même enfant naturel est dans une situation inférieure à celle des collatéraux? Car enfin, que ce soit un frère ou une sœur, ce n'en est pas moins un collatéral, et je vous avoue très humblement que mon sentiment personnel de justice se révolte absolument à cette pensée, que quand le père est mort laissant un enfant qu'il a reconnu, auquel il a donné son nom, le frère de cet homme puisse venir enlever une portion quelconque de la succession à l'enfant de son frère. Quelle raison peut-il bien y avoir de faire cette violente dérogation aux principes de notre droit civil en matière de succession? Quand il s'agit de successions ordinaires, il ne vient à la pensée de personne de supposer qu'un enfant ne soit pas appelé à l'encontre des collatéraux de son père à recueillir toute la succession. Je ne comprends pas, quant à moi, que l'idée puisse venir d'établir cette dualité de situation entre l'enfant qui est de mon sang et l'oncle ou la tante, les cousins ou petits cousins qui proviendraient de l'union de cet oncle ou de cette tante avec une tierce personne ».

M. Demôle fut soutenu par M. Trarieux, garde des sceaux, qui ne contesta pas les droits des ascendants, mais qui, d'accord avec M. Demôle, n'hésita pas à proclamer que la justice, l'humanité, la raison elle-même commandaient ici de sacrifier les collatéraux à l'héritier du sang.

Quoiqu'il en soit et malgré cette belle défense des partisans de l'enfant naturel, ce fut le texte de la Commission dont nous avons déjà parlé qui fut adopté par le Sénat.

Nous avons vu que le nouvel article 908 maintenait les anciennes prohibitions du Code en ce qui concerne les libéralités provenant de donations entre vifs. Comme par le passé, les donations ne sont valables que dans la mesure où elles ne dépassent pas le droit successoral de l'enfant naturel ; après avoir examiné quel était ce droit dans les différentes hypothèses qui peuvent se présenter, il nous reste à savoir quel sera le sort des donations qui tombent sous la prohibition de l'article 908 ? En un mot quelle est la sanction de cet article ?

Dans le système du Code civil, tout ce qui avait été donné à l'enfant naturel au delà de la part fixée par l'article 756 était sujet à un retranchement, non pas par voie d'action en réduction, mais par voie d'action en nullité basée sur une incapacité d'ordre public. C'était au moins le système de la jurisprudence fixée d'une manière définitive pas un arrêt de la Cour de cassation de février 1865.

« Attendu, disait la Cour suprême, qu'aux termes de l'article 908, l'enfant ne peut rien recevoir par donation ou par testament, au delà de ce qui lui est attribué par la loi ; que ces dispositions sont d'ordre public ; qu'elles peuvent être invoquées par toute partie y ayant droit et notamment par le légataire universel dont les droits sont déterminés d'après l'état de la famille tel qu'il existe au moment de l'ouverture de la succession ». Cassation, 7 février 1865 (S. 1865, I, 105).

Ce système de la Cour suprême était adopté par la majorité des auteurs qui soutenait que l'incapacité de l'enfant naturel était absolue, fondée qu'elle était sur des nécessités d'ordre public : il en résultait que l'action en retranchement appartenait non seulement au légataire universel, mais encore à des créanciers exerçant leurs droits en vertu de l'article 1166. — Bien plus logiquement on était amené à cette conclusion que l'héritier légitime qui a ratifié expressément ou tacitement la disposition excessive faite par l'auteur commun au profit de l'enfant naturel peut demander ensuite la réduction de cette disposition.

Une imposante minorité dans la doctrine et dans la jurisprudence prétendait au contraire que la nullité dont nous nous occupons n'intéressait ni l'ordre public, ni les bonnes mœurs (En ce sens un arrêt de la Cour de Rennes, 1843) et elle admettait par suite des conclusions diamétralement opposées à celles que nous venons d'exposer : c'est ainsi que d'après elle le légataire universel n'avait pas droit en cette seule qualité de demander la réduction d'une donation faite à un enfant naturel.

Il nous semble évident qu'avec ce deuxième système, il eut été trop facile au testateur d'éluder la disposition de l'article 608 en instituant un légataire universel dans le cas où il n'y avait pas de parents réservataires venant à la succession ; qu'en outre, dans la pensée des auteurs du Code civil, il s'agissait moins de l'intérêt pécuniaire de l'enfant (quand on réduit la part de l'enfant naturel) que de l'incapacité pour celui-ci de recueillir en l'état de la famille une part plus considérable.

Quoiqu'il en soit, avant la loi de 1896, la sanction de l'article 908 consistait en une action en nullité basée sur des motifs d'ordre public et pouvant être intentée par tous les intéressés. C'était du moins le système de la majorité.

D'importants changements ont été introduits par la loi nouvelle et après d'assez nombreuses discussions. — Le texte qui avait été d'abord proposé par la Commission du Sénat sanctionnait la nullité des donations, nullité maintenue par une addition à l'article 921 dont le texte devenait le suivant :

« La réduction des dispositions entre vifs ne pourra être demandée que par ceux au profit desquels la loi fait la réserve. Le présent article s'applique aux dispositions faites par acte entre vifs ou testamentaires aux enfants naturels par leur père ou leur mère ».

Il résultait directement de là: 1° Que l'action en nullité du Code devenait une action en réduction ; 2° Qu'elle ne

pouvait être intentée que par les héritiers réservataires ;
3° Qu'en outre, l'article 921 se referant à l'article 920 qui
vise seulement les dispositions excédant la quotité disponible, l'action en réduction établie par la nouvelle loi
ne se référait également qu'à ces dispositions et non à
celles excédant la portion fixée par les nouvaux articles
758 et 759.

En somme, on le voit, l'article 908 cut été entièrement
dépourvue de sanction.

Aussi des critiques fondées furent-elles faites au Sénat
et à la deuxième lecture ; l'article 908 revint modifié ainsi
qu'il suit :

« Les enfants naturels légalement reconnus ne pourront rien recevoir par donation entre vifs au-delà de ce
qui leur est accordé au titre des successions. Cette incapacité ne pourra être invoquée que par les descendants
du donateur, par ses ascendants, par ses frères et sœurs
et par les descendants légitimes de ses frères et sœurs.
Le père ou la mère qui les ont reconnus pourront leur
léguer, etc... »

C'est cette rédaction qui fut votée par le Sénat d'abord,
par la Chambre ensuite, et qui figure dans la loi promulguée le 25 mars 1896.

Elle a le mérite de préciser quels sont ceux qui peuvent invoquer l'incapacité de l'enfant naturel. Ce sont
seulement et exclusivement les héritiers désignés à l'article 908, et encore ils ne peuvent agir qu'autant qu'ils
sont appelés à la succession. C'est ainsi que les ascen-

dants ou les frères et sœurs ne peuvent intenter l'action si c'est un enfant légitime qui hérite avec l'enfant naturel. Cela ressort clairement du système de la loi: le parent légitime qui ne succède pas est sans intérêt légal pour faire réduire la libéralité.

Quant aux créanciers du *de cujus*, et aux légataires universels ils sont désormais nettement exclus.

Il est regrettable en revanche que la nouvelle loi n'ait pas déterminé quelle était la nature de l'action accordée aux personnes dont nous venons de parler. Est-ce encore une action en nullité? Est-ce une action en réduction? La question est discutée.

M. Paul Allard, dans son ouvrage sur la condition des enfants naturels, estime qu'il résulte du texte voté que l'action qui sanctionne la prohibition maintenue par l'article 908 est, comme autrefois, une action en nullité; seulement elle ne peut plus être intentée que par des personnes limitativement déterminées. En outre la nullité a perdu son caractère d'utilité publique.

Le système contraire est formulé par M. Henry (*Revue du Notariat* 1896, p. 334.)

« Deux idées bien simples résultent de la nouvelle disposition de la loi: 1° Lorsque l'enfant naturel dont il s'agit a reçu une libéralité entre vifs, dépassant la mesure de la part héréditaire qui lui est attribuée par les nouveaux articles 758 et 759 et que le caractère excessif de la libéralité s'est révélé après l'ouverture de la succession, il y a lieu à une action non pas en nullité, mais simplement en réduction de cette libéralité ; 2° cette action en réduction ne peut elle-même être intentée que par ceux-là seuls au profit desquels existe l'incapacité du donataire. »

L'opinion de M. Henry nous semble avoir pour elle et les modifications apportées à l'ancien article 908 par le nouveau texte, et l'esprit général de la loi, ainsi que les discussions que nous avons indiquées et qui ont précédé le vote du nouvel article 908 au Sénat.

C'est pourquoi nous sommes disposés à nous rallier à ce dernier système : il en résulte notamment que la donation qui excédera la part de l'enfant naturel pourra être ratifiée par les héritiers légitimes, après l'ouverture de la succession ; c'est là en effet un droit édicté dans l'intérêt de la famille et il n'y a aucune prescription d'ordre public qui s'oppose à cette renonciation.

CHAPITRE II

DES LEGS

Si le législateur de 1896 a maintenu les anciennes prohibitions, en ce qui concerne les libéralités entre vifs, il
n'en a pas été de même pour les libéralités testamentaires.
Sur ce point une grande amélioration a été apportée au
sort de l'enfant naturel. Le Code contenait autrefois une
grave atteinte à la liberté des père et mère et à la liberté
de tester, et on a eu raison, suivant nous, en la faisant
disparaître, d'abord à un point de vue purement humain,
ensuite parce que la disposition abrogée, loin d'encourager la reconnaissance des enfants naturels, comme cela est
désirable, semblait vouloir y mettre de sérieux obstacles.
Pourquoi n'a-t-on pas été aussi bien inspiré au sujet des
donations entre vifs? Nous avons donné déjà les motifs
de cette différence, motifs très critiquables à notre sens:
nous n'y reviendrons pas ici.

Le paragraphe 2 de l'article 908 est ainsi conçu:

« Le père ou la mère qui ont reconnu les enfants naturels pourront leur léguer tout ou partie de la quotité disponible, sans toutefois qu'en aucun cas lorsqu'ils se
trouvent en concours avec des descendants légitimes, un

enfant naturel puisse recevoir plus qu'une part d'enfant
légitime le moins prenant. »

Le père et la mère recouvrent donc le droit de faire par
testament à l'enfant naturel reconnu des libéralités excédant la quotité de ses droits héréditaires ; la capacité
de cet enfant devient égale à celle d'un étranger et elle
n'est plus limitée que par les droits de réserve des
autres héritiers. Telle est la régle générale formulée par
l'article 908. A cette règle il n'y a qu'une seule restriction : au cas où l'enfant naturel est en concours avec
des enfants légitimes. Dans cette hypothèse, sous aucun
prétexte, la libéralité testamentaire faite à l'enfant naturel ne peut excéder une part d'enfant légitime le moins
prenant. Cette disposition a pour but de sauvegarder les
droits des descendants légitimes qui eussent été trop
souvent sacrifiés si l'article 758 nouveau avait pu être
éludé au moyen des libéralités même seulement testamentaires. D'ailleurs, même à ne considérer que cette
hypothèse, la situation de l'enfant naturel se trouve singulièrement améliorée puisqu'avant la loi de 1896, non
seulement il ne pouvait rien recevoir au delà de sa part.
mais encore cette part n'était que du tiers de ce qu'il
aurait eu s'il avait été légitime.

Examinons maintenant les différents cas qui peuvent
se présenter :

1° Le *de cujus* laisse à la fois des descendants légitimes et des enfants naturels.

Le père peut par testament laisser à l'enfant naturel

une situation identique à celle de ses frères légitimes, mais jamais supérieure. Exemple : *Primus* laisse trois enfants, *Secundus* et *Tertius* qui sont légitimes, *Quartus* qui est un enfant naturel reconnu. La succession est de neuf mille francs. Si *Primus* meurt intestat, *Quartus* aura quinze cents francs, (c'est-à-dire la moitié de ce qu'il aurait eu s'il avait été légitime). Mais il pourra avoir par legs quinze cents autres francs, c'est-à-dire en tout trois mille francs comme ses frères. Dans le cas où *Primus* au lieu de deux enfants légitimes en a deux naturels et un seul légitime, il est évident qu'il pourra léguer trois mille francs à chacun de ses enfants naturels, mais il ne pourrait pas, favorisant spécialement un des enfants naturels, faire en sorte qu'il ait plus que le légitime.

Que décider si l'enfant naturel est en présence d'un petit enfant ou d'un arrière-petit enfant ne succédant que de son chef? Pourra-t-il être légataire de toute la succession?

M. Henry répond affirmativement dans la *Revue du Notariat* (1896, p. 341) et on peut dire en ce sens que la loi veut seulement que l'enfant naturel ne puisse jamais être mieux traité que l'enfant légitime. Or, dans l'hypothèse que nous examinons, l'enfant légitime aurait droit à toute la succession. Pourquoi ne pourrait-on pas léguer toute l'hérédité à l'enfant naturel?

Ce système est contesté par M. Henri Coulon (*De la condition des enfants naturels*), et avec raison, croyons nous. L'opinion de M. Coulon fait d'autant plus autorité en l'espèce, qu'en général il se montre des plus favorables à l'enfant naturel. M. Coulon cependant trouve que la précédente théorie qui permettrait de sacrifier complètement des descendants légitimes à l'enfant naturel serait excessive ; il faudrait au moins que la disposition testamentaire faite par préciput à ce dernier ne portât pas atteinte à la réserve des *autres* ascendant. En résumé M. Coulon estime qu'on ne doit pas permettre à l'enfant naturel d'entamer la part héréditaire des enfants légitimes et il est certain que si la question peut être discutée à cause de la lettre même du texte de l'article 908, il n'est pas douteux que c'est bien là l'esprit du législateur.

2° Si le *de cujus* ne laisse que des ascendants, il peut léguer à l'enfant naturel les sept huitièmes de ses biens, le huitième restant constituant la réserve de ses ascendants. Si le défunt ne laisse que des frères ou sœurs, ou des collatéraux plus éloignés, c'est la totalité des biens que l'enfant naturel pourra recueillir, ses droits n'étant plus limités par aucune réserve.

CHAPITRE III

DES LIBÉRALITÉS DÉGUISÉES OU FAITES PAR PERSONNES
INTERPOSÉES

Les dispositions de la loi qui créent des incapacités de recevoir ou de disposer sont évidemment très gênantes pour ceux qu'elles atteignent et il était à prévoir que les intéressés feraient l'impossible pour y échapper : il devait surtout en être ainsi relativement aux restrictions qui avaient été apportées dans l'intérêt de la famille légitime aux droits des enfants naturels de recevoir par donations entre vifs ou testamentaires : il était à présumer que des parents habiles imagineraient mille moyens ingénieux pour en éluder l'application. Sous peine de rester sans effet, la loi devait s'appliquer à déjouer par avance toutes ces combinaisons. C'est là le but de l'article 911 du Code civil ; il est ainsi conçu :

« Toute disposition au profit d'un incapable sera nulle, soit qu'on la déguise sous la forme d'un contrat onéreux, soit qu'on la fasse sous le nom de personnes interposées. Seront réputées personnes interposées, les père et mère, les enfants et descendants et l'époux de la personne incapable. »

Cette sanction des prohibitions du Code en matière de donations en général, et en particulier de celles de l'article 908, sujet de ce travail, a perdu beaucoup de son intérêt en ce qui nous concerne. La capacité de l'enfant naturel ayant été notablement augmentée, surtout en matière de legs, il y a beaucoup moins de raisons maintenant d'avoir recours à la fraude. Néanmoins en certains cas, des parents naturels peuvent être tentés de recourir aux moyens indiqués par l'article 911 ; par exemple, s'ils désirent gratifier un enfant naturel de donations entre vifs, ou bien encore si, en présence d'un grand nombre d'enfants légitimes, ils veulent léguer à l'enfant naturel toute la quotité disponible ordinaire et non pas seulement une part d'enfant le moins prenant. C'est pourquoi il n'est pas inutile de dire quelques mots de l'article 911 que nous venons de citer.

Cet article prévoit :

1° Le cas où la disposition a été déguisée sous la forme d'un contrat à titre onéreux. Les intéressés qui prétendent que l'acte n'est autre chose qu'une donation déguisée, devront prouver leur assertion, car la fraude ne se présume pas et il est possible que le contrat soit sincère. Tous les modes de preuve seront admissibles, non seulement la preuve littérale, l'aveu, le serment, mais la preuve testimoniale et les présomptions.

2° Le cas où la libératité a été faite à l'incapable sous le nom d'une personne interposée chargée par le donateur de faire parvenir la libéralité à l'incapable. Comme dans la première hypothèse, la fraude ne se présume pas, excepté dans le cas où l'interposition de personne est présumée de plein droit par la loi : « seront réputées personnes interposées le père et la mère, les enfants et descendants et les époux de la personne incapable ». Cette présomption d'interposition est absolue et ne peut être combattue par la preuve contraire. Toutefois elle cesse au cas où les faits excluent toute possibilité d'interposition réelle. Ainsi la donation faite par un père ou une mère à l'enfant de son enfant naturel au delà de ce qui est permis par la loi est valable si cette donation est postérieure au décès de l'enfant.

CHAPITRE IV

DU RAPPORT

Les dispositions de la loi restrictives de la capacité des
enfants naturels sont de celles qui demandent des sanc-
tions sérieuses et efficaces, car il est évident que les
parents naturels chercheront par tous les moyens possibles
à les éluder. Le législateur de 1804 pour déjouer par
avance les fraudes qui pourraient être commises pour
effacer ses prescriptions, avait édicté l'ancien article 760,
qui était ainsi conçu :

« L'enfant naturel ou ses descendants sont tenus
d'imputer sur ce qu'ils ont droit de prétendre tout ce
qu'ils ont reçu du père ou de la mère, dont la succession
est ouverte, et qui serait sujet à rapport d'après les règles
établies à la section deux du chapitre six du présent titre. »

Il résultait de ce texte combiné avec celui de l'ancien
article 908 que nous connaissons déjà, que les donations
faites à un enfant naturel par ses parents, n'étaient
valables que dans les limites du droit héréditaire accordé
à cet enfant par l'article 757. Au-delà de ces limites, la loi
lui imposait l'obligation d'imputer, c'est-à-dire de pré-
compter ces donations sur sa part héréditaire.

La loi nouvelle ayant abrogé cet article 760 que nous avons cité, il s'en suit que désormais l'enfant naturel est tenu non à une imputation spéciale, mais au rapport tel que le Code l'ordonne dans ses articles 843 à 849 sauf à tenir compte bien entendu des limitations que l'article 908 nouveau laisse subsister à la capacité de l'enfant naturel de recevoir entre vifs.

La différence principale bien que controversée qui existait entre le rapport et l'imputation était que le rapport se faisait tantôt en nature, tantôt en moins prenant, tandis que l'imputation se faisait toujours en moins prenant. Le rapport en nature est un rapport réel qui a lieu lorsque les objets rapportés sont réunis à la masse de la succession, dans leur identique individualité. Le rapport en moins prenant est au contraire un rapport fictif : l'héritier garde ce qui lui a été donné et il le prend en moins dans la masse, c'est-à-dire qu'on le lui déduit sur sa part. Les conséquences pratiques de cette différence étaient assez importantes. En effet :

1° Les pertes par cas fortuit sont au compte du donataire tenu d'un rapport en moins prenant.

2° Le rapport en moins prenant se fait sur le pied de la valeur de la chose, lors de la donation.

3° (Art. 856). L'héritier donataire est débiteur des intérêts de la somme représentant la valeur dont il doit le rapport à partir du jour de l'ouverture de la succession.

Quoi qu'il en soit au sujet des controverses qui se sont élevées à propos des conséquences que nous venons de citer, elles ont désormais disparu *en ce qui nous concerne*. L'enfant naturel a maintenant la qualité d'héritier et il est soumis au rapport conformément aux articles 843 et suivants, sauf à observer les incapacités particulières qui sont encore édictées contre lui bien que fort atténuées pour la loi du 25 mars 1896. Aussi la libéralité faite à l'enfant naturel et consistant soit dans une donation excédant sa part héréditaire, soit dans un legs duquel il résulterait une attribution supérieure à une part d'enfant légitime le moins prenant est réductible quand bien même l'enfant naturel renoncerait à la succession, car elle doit être réduite non parce que le bénéficiaire est héritier mais parce qu'il est enfant naturel.

Il nous reste une question à examiner touchant ce rapport. L'enfant naturel depuis la loi nouvelle peut-il être dispensé du rapport ? Évidemment non en ce qui concerne les donations entre vifs, l'article 908 interdisant aux parents naturels toute donation entre vifs dépassant le montant de la part successorale de l'enfant naturel. Mais il n'en est pas complètement de même pour les legs.

En ce cas l'enfant naturel peut être dispensé du rapport lorsque le legs ne lui donne pas une attribution supérieure à celle d'un enfant légitime le moins prenant.

CHAPITRE V

LE PÈRE PEUT-IL PAR UNE CLAUSE FORMELLE DE LA
DONATION OU DU LEGS DÉCLARER QUE L'ENFANT NATU-
REL DEVRA SE CONTENTER DE CETTE LIBÉRALITÉ ET
NE POURRA RIEN VENIR RÉCLAMER A SA SUCCESSION ?

L'article 1ᵉʳ de la loi de 1896 a abrogé l'ancien article 761 du Code civil qui était ainsi conçu :

« Toute réclamation est interdite aux enfants naturels
lorsqu'ils ont reçu du vivant de leur père ou de leur
mère la moitié de ce qui leur est attribué par les articles précédents avec déclaration expresse de la part de
leurs père et mère que leur intention est de réduire l'enfant
naturel à la portion qu'ils lui ont assignée ».

Cet article dérogeait au droit commun contenu dans
les articles 790, 1130 et 1600 en ce qu'il autorisait une
convention, une sorte de marché sur une succession qui
n'était pas encore ouverte. C'était en somme une transac-
tion par laquelle les père ou mère de l'enfant naturel
pouvaient réduire de moitié la part provenant à celui-ci
à condition de la lui donner de son vivant. Le législateur
avait estimé qu'une pareille donation était utile, et pour
l'enfant naturel qu'elle faisait jouir plus tôt, et pour la

famille qu'elle débarrassait d'un créancier odieux » (Tribun Siméon; discours au Corps législatif).

Cette disposition de l'article 761 était vivement contestée et à notre sens à juste titre. M. Demôle, au Sénat, parlant en faveur de l'abrogation de l'article 761, trouvait cet article véritablement cruel et il ajoutait : « je ne sais pas s'il y a encore des gens qui peuvent se réjouir à ce spectacle d'un père faisant venir son enfant et lui disant: vous avez besoin de quelque argent pour vous établir, je veux bien vous le donner, mais cet argent ne représentant que la moitié de vos droits dans ma succession, en vous le comptant, j'exige que vous renonciez à toute réclamation future du supplément de vos droits ».

N'était-ce pas là singulièrement comprendre en effet les devoirs du père de l'enfant naturel et les sentiments que doivent faire naître, malgré toutes les fictions légales, les liens du sang entre les enfants issus d'un auteur commun.

Non seulement d'ailleurs l'article 761 était *critiqué*, mais encore il était vivement controversé.

En effet, pour que la réduction autorisée par cet article eut lieu, trois conditions étaient nécessaires :

1° C'était que le père ou la mère eussent fait *de leur vivant* une libéralité à l'enfant naturel. Par ces expressions il fallait entendre que l'enfant naturel devait se trouver investi par acte entre vifs d'un droit irrévocable sur les biens donnés. D'où il résultait que la réduction par voie de dispositions testamentaires ou même des donations de biens à venir aurait été inefficace.

En résultait-il aussi que la déclaration de réduire ne suffisait pas sans la tradition réelle de la part assignée à l'enfant naturel? Certains auteurs étaient de cet avis, mais cette doctrine a été critiquée par d'autres. Demolombe (t. 14, n° 119) disait : « La donation d'un bien dont la délivrance est ajournée, n'en saisit pas moins le donataire de l'objet donné, et il est vrai, en conséquence, de dire que l'enfant a reçu l'objet donné du vivant de son père ou de sa mère..... d'autant plus que l'on peut supposer des circonstances dans lesquelles le père ou la mère n'aurait pu faire de donations autrement. » C'est ce système que la Chambre des requêtes a adopté. (Req. 2 février 1870). De même, Aubry et Rau.

2° La deuxième condition, c'était que l'enfant naturel eût reçu la moitié de ce qui devait lui revenir dans la succession de son auteur. A ce sujet des divergences sérieuses existaient entre la jurisprudence et la doctrine. La doctrine presqu'unanimement déclarait que c'était la moitié de sa part dans l'entière succession que l'enfant naturel devait recevoir, et non pas seulement la moitié de sa réserve. La Cour de Cassation avait jugé au contraire (31 août 1847) que l'enfant naturel n'avait droit, en vertu de l'article 761, qu'à la moitié de la réserve fixée par l'article 913.

La troisième condition consistait dans la déclaration expresse de la part du père ou de la mère que son intention était de réduire l'enfant naturel à la portion qu'il lui a attribuée. Le consentement de l'enfant naturel étail-il nécessaire? ou bien le père pouvait-il forcer son enfant à se contenter de la donation réduite qu'il lui accordait? La jurisprudence, estimant qu'il ne s'agissait pas d'une convention entre le père et l'enfant, mais d'un acte de puissance paternelle, déclarait que la donation était valable après une simple mise en demeure.

Presque tous les auteurs au contraire enseignaient que l'acceptation de l'enfant naturel était nécessaire, la réduction ne pouvant résulter que d'une donation entre vifs. On peut en effet forcer un créancier à recevoir ce qui lui est dû ; on ne peut pas rendre une personne propriétaire sans son consentement. Non seulement une simple sommation adressée à l'enfant naturel est insuffisante, mais à défaut d'acceptation de la part de celui-ci, les tribunaux ne pourraient pas, à la demande du père, déclarer les offres valables et ordonner que la donation sera tenuo pour acceptée, car les tribunaux ne sont pas autorisés, en dehors de certains cas prévus par la loi, à suppléer au consentement nécessaire à la formation des contrats.

Telles sont les conditions de la réduction permise par l'article 761. Nous avons tenu à les exposer parce que l'abrogation de l'article 761 n'a pas d'effet rétroactif, c'est-à-dire que les clauses de restriction mises en des donations antérieures à la nouvelle loi demeurent applicables pour les successions qui s'ouvriront postérieurement.

C'est du moins ce que dit l'article 9 de la loi du 25 mars 1896.

« Toute réclamation sera interdite à l'enfant naturel lorsqu'il aura reçu du vivant de ses père et mère avant la date de la promulgation de la présente loi, la moitié de ce qui lui est attribué par les articles 758, 759, 760 et 761 précédents avec déclaration expresse de leur père ou mère que leur intention est de réduire leur enfant naturel à la portion qu'ils ont assignée. Dans le cas où cette portion serait inférieure à la moitié de ce qui devrait revenir à l'enfant naturel, il ne pourra réclamer que le supplément nécessaire pour parfaire cette moitié.

Cette disposition transitoire était commandée, a-t-on dit, par le principe de la non-rétroactivité. Cela a été contesté et avec raison, pensons-nous, pendant les travaux préparatoires. Quel était en effet le système soutenu par la Commission du Sénat, système qui d'ailleurs a triomphé et qui est contenu dans l'article 9 de la loi du 25 mars 1896 que nous venons de citer ? C'était : 1° que l'acte passé par le père ou la mère naturels est valable parce qu'il a lieu dans la plénitude de leur droit, avec un double caractère d'irrévocabilité et de dessaisissement dans des circonstances et dans un but qu'on ne saurait ni supprimer ni faire renaître.

2° Que la moitié à laquelle l'enfant naturel aurait pu être réduit devra être calculée sur les quotités nouvelles des droits héréditaires fixés par les nouveaux articles 758, 759 et 760.

Mais n'est-ce pas justement une atteinte au principe de
la non-rétroactivité que ce calcul de la moitié, non pas sur
le droit héréditaire ancien, mais sur le droit héréditaire
nouveau ?

C'est ce que soutenait l'honorable sénateur M. Demôle
qui voulait que ce droit *inouï* du père naturel de réduire
de moitié les droits successoraux de son enfant fut
annulé non seulement pour l'avenir mais pour le passé.
N'était-il pas illogique en effet d'invoquer le principe de
la non-rétroactivité pour une partie de l'article 9 de la
loi, alors qu'on faisait échec à ce principe dans une autre
partie? N'eût-il pas été plus humain d'anéantir immédiatement les effets de ce cruel article 761 ?

CHAPITRE VI

DU CONCOURS DANS LA SUCCESSION AB INTESTAT DE
L'ENFANT NATUREL AVEC LE CONJOINT DU DE CUJUS

D'après le Code civil (art. 767), l'enfant naturel primait le conjoint.

On sait en effet que le Code traitait fort mal le conjoint survivant au point de vue successoral, puisqu'il n'arrivait qu'en dernière ligne après tous les parents, même simplement naturels, et n'excluait que l'État.

Cette rigueur fut l'objet de critiques légitimes, peut-être pourtant excessives, car en pratique le sort du conjoint était amélioré soit par le contrat de mariage, soit par une donation entre époux, soit par le testament du *de cujus*. Quoi qu'il en soit, la loi du 26 mars 1891 a augmenté dans une large mesure les droits du conjoint; elle lui donne, lorsqu'il n'y a pas d'enfant légitime, un usufruit qui porte sur la moitié de la succession.

Si l'on s'en tenait simplement à l'article 760, la totalité de la succession devrait être attribuée en pleine propriété à l'enfant naturel et le conjoint devrait être exclu ; voici en effet quels sont les termes de cet article :

« L'enfant naturel a droit à la totalité des biens lorsque ses père ou mère ne laissent ni descendants ni ascendants, ni frères, ni sœurs, ni descendants légitimes de frères ou sœurs ».

Mais cette solution paraît inacceptable, car l'article 760 doit être considéré comme modifié implicitement par l'article 767 nouveau qui est ainsi conçu :

« Le conjoint survivant non divorcé... a sur la succession du prédécédé un droit d'usufruit qui est d'un quart, si le défunt laisse un ou plusieurs enfants issus du mariage. »

Du moment que les enfants légitimes eux-mêmes doivent souffrir le concours du conjoint survivant, il est inadmissible que celui-ci soit exclu complètement par un simple enfant naturel, puisque cet enfant a en général bien moins de droits que l'enfant légitime.

Mais quelle sera la quotité de l'usufruit du conjoint survivant en présence de l'enfant naturel ?

On peut être tenté d'abord de limiter cet usufruit au quart de la succession comme cela arrive lorsqu'il y a un enfant légitime. Le silence des textes ne devrait-il pas être interprété en faveur des enfants naturels ?

Mais le texte de l'article 767 nous paraît exclure implicitement cette solution en ne réduisant l'usufruit du conjoint au quart « que lorsque le défunt laisse des enfants issus du mariage, c'est-à-dire des enfants légitimes ». A part ce cas précis, en règle générale l'usufruit porte sur la moitié de la succession. Donc c'est la quotité qu'il y a lieu d'appliquer à notre sens puisque ce cas n'est pas réglé spécialement par la loi.

Donc, en cas de concours d'un enfant naturel avec le conjoint du *de cujus*, le conjoint aura la moitié de la succession en usufruit, l'enfant naturel aura la moitié de la succession en pleine propriété et l'autre moitié en nue-propriété.

Mais d'autres hypothèses nous restent à examiner.

Que se passera-t-il si le *de cujus* laisse, outre un enfant naturel, des collatéraux ordinaires ?

En ce cas, la solution sera la même que la précédente, les collatéraux se trouvant en effet exclus, d'après la loi de 1896, par l'enfant naturel.

Mais supposons qu'il y ait des collatéraux privilégiés (frères et sœurs ou descendants d'eux)? Dans cette hypothèse, l'usufruit de la moitié de la succession sera d'abord attribué au conjoint. Il restera alors, dans la succession, une moitié en pleine propriété et une moitié en nu-propriété. L'enfant naturel prendra les trois quarts de cette masse et le quart restant sera dévolu aux collatéraux privilégiés.

Il en sera de même s'il y a des ascendants, au lieu de collatéraux privilégiés, ou s'il y a à la fois des ascendants et des collatéraux privilégiés. Dans ce dernier cas, le quart restant dont nous venons de parler sera partagé entre les ascendants et les collatéraux privilégiés, conformément au droit commun des successions.

Enfin, si le *de cujus* laisse à la fois son enfant naturel, son conjoint et un ou plusieurs enfants légitimes, on procédera de la façon suivante :

La présence de l'enfant légitime aura pour effet de réduire l'insufruit du conjoint au quart de la succession, en supposant que ce soit un enfant commun, c'est-à-dire né également du conjoint survivant. S'il y avait des enfants d'un premier lit, l'usufruit du conjoint serait limité à une part d'enfant le moins prenant sans pouvoir d'ailleurs excéder le quart. Sur le reste, formé dans la première hypothèse de trois quarts en pleine propriété et d'un quart en nue propriété, l'enfant naturel et les enfants légitimes concourraient d'après le droit commun, c'est-à-dire que l'enfant naturel prendrait la moitié de ce qu'il aurait eu s'il avait été légitime.

Telle est, dans les diverses hypothèses qui peuvent se présenter, la situation de l'enfant naturel en concours avec le conjoint du *de cujus*, dans une succession *ab intestat*.

Il peut se faire cependant que le droit de l'enfant naturel, comme celui d'ailleurs d'un héritier quelconque, soit restreint davantage encore par la présence du conjoint ; c'est lorsque celui-ci est dans le dénûment et que l'usufruit de la moitié de la succession, ou du quart s'il y a des enfants légitimes, est insuffisant pour le faire vivre. Dans ce cas en effet, la loi du 26 mars 1891 décide que le conjoint peut réclamer une pension alimentaire à la succession.

CHAPITRE VII

L'ENFANT NATUREL AYANT REÇU UNE LIBÉRALITÉ, COMMENT SE CALCULERA ET S'IMPUTERA SA PART ?

Lorsqu'un enfant naturel a reçu une libéralité de son père, comment sa part se calculera-t-elle ?

Il y a lieu de distinguer d'abord suivant qu'il n'y a pas ou qu'il y a des réservataires.

SECTION I

IL N'Y A PAS DE RÉSERVATAIRES

Dans ce cas, et pour fixer les idées, supposons que l'enfant naturel a reçu une donation de 40. Son père a donné entre vifs une somme de 40 à des étrangers et laisse un actif net de 20. Un frère se présente en concours avec l'enfant naturel. Ce dernier a été gratifié par donation testamentaire. Et il n'a pas été soumis formellement au rapport, ce qui fait qu'il en est dispensé, les legs étant présumés faits avec dispense de rapport depuis la loi du 24 mars 1898.

En l'espèce, le père de l'enfant naturel a pu, aux termes de l'article 908, lui léguer toute la quotité disponible ; or, en la présente hypothèse, la quotité disponible comprend la totalité des biens ; donc elle n'a pas été excédée par le legs de 40 fait à l'enfant. Celui-ci demandera donc les 40, ce qui ne l'empêchera pas de prendre sa part héréditaire dans les 20 qui restent dans la succession, c'est-à-dire qu'il aura trois quarts de 20, soit 15.

Bien plus, le père aurait même pu léguer à l'enfant naturel tous les biens dont il n'a pas disposé entre vifs au profit d'un tiers, c'est-à-dire soixante dans le cas qui nous occupe, de telle sorte que le frère n'aurait rien à prétendre : en effet il n'est pas réservataire et l'enfant naturel peut recevoir par legs de son père autant qu'un étranger.

Mais que se passe-t-il si l'enfant naturel a été gratifié, non plus par legs, mais par donations entre vifs ?

Trois cas peuvent se présenter :

A) *L'enfant naturel accepte la succession, et la donation entre vifs a été faite sans dispense de rapport.*

Aucune difficulté ne s'élève. L'enfant naturel évidemment rapportera son don à la masse et n'aura droit sur l'ensemble qu'à sa part héréditaire.

B) *L'enfant naturel accepte la succession, mais la donation à été faite par préciput.*

Cette clause de préciput est alors nulle : en effet, elle tend à mettre hors partage, c'est-à-dire à attribuer, en totalité à l'enfant naturel, les biens donnés en lui laissant la faculté de venir prendre sa part dans le reste. On lui donne donc ainsi plus que ce que la loi lui donne *ab intestat*, c'est-à-dire des trois quarts de la masse des biens du testateur.

Mais le testateur peut avoir ajouté cette clause que, pour calculer la part de l'enfant naturel, on joindra fictivement à la masse des biens existant au décès les biens donnés à des tiers; nous croyons qu'on doit considérer également ment cette clause comme nulle : nous y reviendrons d'ailleurs dans le paragraphe suivant.

D'un autre côté, nous savons que si la donation entre vifs à l'enfant naturel est limitée à sa part *ab intestat*, il peut néanmoins recevoir par legs tout le disponible, c'est-à-dire la totalité des biens dans les hypothèses que nous examinons, puisqu'il n'y a pas d'héritiers réservataires.

Rien n'empêchera donc le père, du moins à ce qu'il semble, de dispenser en fait l'enfant naturel du rapport, en déclarant par testament qu'il lui lègue les biens qu'il lui a donnés entre vifs. Il n'aura même pas besoin d'ajouter qu'il les lui lègue avec dispense de rapport, car cette dispense a lieu de plein droit depuis la loi du 24 mars 1898.

c) L'enfant naturel renonce à la succession :

Peu importe alors que la donation ait été faite ou non avec dispense de rapport, car il n'est pas question de ce rapport en cas de renonciation.

Il est évident qu'en cette circonstance, l'enfant naturel ne viendra rien réclamer dans les 20 qui forment la succession. Mais gardera-t-il son don entièrement? Il y a lieu d'appliquer l'article 908 qui défend à l'enfant naturel de recevoir par donations entre vifs au-delà de ce qu'il aurait eu *ab intestat*. Or, *ab intestat* il aurait dû lui rapporter les 40 à lui donnés, ce qui aurait porté la masse à 60, dont il aurait eu les trois quarts, c'est-à-dire 45. Donc, en l'espèce il ne rapportera rien, car la disposition ne dépasse pas sa part.

D'un autre côté, on pourrait être tenté de dire : « Du moment que l'enfant naturel renonce à la succession, sa part héréditaire est nulle, le titre du Code civil relatif aux successions ne lui accorde rien, et dès lors il doit restituer le don qu'il a reçu entre vifs. » Cette interprétation judaïque est inadmissible : cela reviendrait à subordonner la validité du don fait à l'enfant naturel à une acceptation de la succession, ce que la loi n'exige nullement. Le texte dit « ce qui lui est accordé au titre des successions » et non pas à titre de succession. Il s'agit de fixer le quantum de la donation et non de la subordonner à la condition de l'acceptation. La loi veut dire qu'on peut donner entre vifs à l'enfant naturel ce qu'il recueillerait dans la succession, en supposant qu'il se portât héritier.

Si l'enfant naturel a reçu entre vifs non pas 40 mais 60, il est évident qu'il devra, en vertu de l'article 908 du Code civil, restituer 15 au frère, puisque *ab intestat* il n'aurait pu, venant à la succession, prendre que 45.

En serait-il de même, si le père avait stipulé que les

biens donnés par lui aux tiers seraient joints fictivement aux biens laissés par lui pour calculer la part dont l'enfant naturel peut être gratifié ?

Si on observe cette clause, la masse héréditaire sera portée à 100, puisqu'il faudra ajouter fictivement 40 à la succession. Les trois quarts de 100 sont 75, ce qui fait que l'enfant naturel n'aura pas été gratifié au delà de sa part héréditaire ainsi calculée, et n'aura rien à restituer au frère.

Cette question à laquelle nous avons déjà fait allusion est assez délicate.

D'une part, l'enfant naturel peut dire au frère : que vous importe d'être exclu de la succession en vertu de cette clause ou en vertu d'une disposition au profit d'un tiers, d'être privé de vos espérances par moi ou par un tiers ? Il est certain en effet que mon père aurait pu donner la totalité de ses biens à un étranger, et que vous n'auriez pas eu à protester. La clause en question ne vous est pas plus défavorable.

Malgré cela, il nous semble qu'on ne doit pas tenir compte de cette clause, car elle a pour but d'éluder l'incapacité de recevoir entre vifs dont la loi frappe l'enfant naturel. Aux termes de l'article 908, cet enfant est incapable de recevoir au delà de sa part héréditaire, telle qu'elle est fixée au titre des successions. Or, cette part se calcule sur la masse des biens existant au décès : certes, il y faut comprendre les biens donnés à l'enfant naturel lui-même, parce que, s'il acceptait la succession, il en devrait le rapport. Mais il n'en est pas de même des biens donnés à des tiers ; ces biens ne devraient figurer à la masse, que s'il s'agissait pour l'enfant naturel d'invoquer sa réserve, la quotité disponible ayant été dépassée à son préjudice. Or tel n'est pas le cas, puisqu'il est nanti de sa réserve et au delà. La réserve dans l'espèce est des trois huitièmes de 100, soit 36, 50 et il a reçu 60.

En somme l'addition fictive à la masse des biens donnés à des tiers aura pour résultat d'augmenter la part de l'enfant naturel, de lui procurer plus que ce qu'il aurait *ab intestat*. Cela décide la question contre l'enfant naturel ainsi que le remarque très bien Laurent (II, n° 362) conformément d'ailleurs à l'arrêt de la Cour d'Orléans du 7 janvier 1860 (Dall. 60, 2, 33).

Mais, dira-t-on, le père aurait pu donner tous ses biens, soit 100 à un tiers et le frère n'aurait rien eu. Qu'importe à ce dernier d'être dépouillé par l'enfant naturel ou par un étranger ? Il faut répondre que la distinction a une grande importance, et c'est là justement qu'est la clef de la solution. *A un étranger* le *de cujus* aurait pu donner tous ses biens et le frère n'aurait rien eu à réclamer : l'enfant naturel seul aurait pu agir en réduction. *A l'enfant naturel* la loi ne veut pas que le père donne tout, quand il y a un frère, parce qu'elle veut protéger la famille légitime contre l'enfant naturel. La clause supposée doit tomber, parce qu'elle a pour objet d'éluder cette règle d'ordre public.

Les libéralités à l'enfant naturel sont d'ailleurs bien

plus dangereuses pour le frère, que celles par lesquelles le *de cujus* épuiserait son patrimoine au profit d'un tiers quelconque. Ce dernier cas est en effet bien rare, tandis que le *de cujus* se laissera bien plus facilement entraîner à donner tout ce qu'il pourra à son enfant naturel, au détriment de ses frères légitimes.

D'ailleurs, comme nous l'avons déja dit, le père peut toujours, à notre avis, rendre valables les dispositions quelconques qu'il a faites à son enfant naturel, en déclarant dans son testament qu'il lui lègue les biens donnés. Ainsi, ceux qui excèdent la mesure de la capacité de l'enfant naturel seront considérés comme lui ayant été légués et pourront lui rester à titre de legs. En effet, le père peut léguer à l'enfant naturel toute la quotité disponible (art. 908) et cette quotité dans notre espèce comprend la totalité, puisque le père n'est pas réservataire : c'est là une conséquence bizarre peut-être, mais assurément logique, de la différence faite par le législateur entre la donation entre vifs et le legs, en ce qui touche la capacité de recevoir des enfants naturels.

SECTION II

IL Y A DES HÉRITIERS RÉSÉRVATAIRES

Si le *de cujus* laisse pour réservataires un ou plusieurs enfants légitimes, et si l'enfant naturel a été gratifié entre vifs et qu'il accepte la succession, il doit rapporter son don à la dite succession, car il n'a pas pu valablement, à raison de l'article 908, être dispensé du rapport.

Si, au contraire l'enfant naturel renonce à la succession, il ne peut certes pas être forcé de rapporter, mais l'enfant légitime a le droit de demander la nullité de la donation, en vertu de l'article 908, pour tout ce qui excède la capacité de recevoir de l'enfant naturel, c'est-à-dire la part qu'il aurait reçue *ab intestat*.

Si l'enfant naturel a été gratifié de libéralités testamentaires, de legs, que se passe t-il ?

L'article 908 dit que le *de cujus* a pu valablement lui léguer la quotité ' disponible ordinaire, c'est-à-dire la même quotité qu'il aurait pu léguer à un étranger ; nous savons aussi que ce legs est réputé fait avec dispense de rapport, au cas où le successible accepte la succession. D'autre part, l'article 922 du Code civil détermine comment se calcule la quotité disponible : il y a trois opérations à faire :

1° On fait la masse des biens laissés par le défunt.

2° On réunit fictivement les biens donnés entre vifs par le *de cujus*, soit à l'enfant naturel, soit à d'autres successibles, soit à des tiers quelconques, en faisant abstraction des améliorations et des détériorations qui proviennent du fait du donataire.

3° On déduit les dettes du défunt.

Sur ce chiffre ainsi obtenu, on calcule la quotité disponible eu égard au nombre et à la qualité des héritiers réservataires ; si elle a été dépassée, il y a lieu à réduction.

Ceci dit, deux questions se posent et doivent être examinées:

1° Dans quelles limites l'enfant naturel, qui est lui-même réservataire, peut-il réclamer son legs?

2° Sur quelle partie de la succession le legs doit-il être imputé? Sur la réserve ou sur la quotité disponible?

Distinguons, comme nous l'avons fait jusqu'ici, deux cas:

A) *L'enfant naturel accepte la succession.*

Il pourra réclamer son legs jusqu'à concurrence de la quotité disponible et de sa part de réserve réunies: en un mot, il cumulera son legs avec sa réserve.

Il y a des cas cependant où ceci n'aura pas lieu, lorsque la part de l'enfant naturel ainsi calculée viendrait à dépasser celle de l'enfant légitime.

Ainsi le défunt laisse un enfant naturel et un enfant légitime: la masse des biens sur laquelle se calcule la quotité disponible, déterminée conformément à l'article 922, est de 36 mille francs. La réserve de l'enfant natuturel est du sixième de la succession, soit 6 mille francs. La réserve de l'enfant légitime est de la moitié du reste, soit 15 mille francs, et la quotité disponible est 15 mille francs également.

D'après ce que nous avons dit plus haut, si le père avait légué tous ses biens à l'enfant naturel sans avoir fait aucune autre disposition, l'enfant naturel, semble-t-il, pourrait garder la quotité disponible plus sa réserve, soit 15 mille francs, plus 6 mille = 21 mille francs et l'enfant légitime n'aurait que 36 mille — 21, soit 15 mille francs : mais ce résultat est impossible, puisque l'article 908 ne permet pas que l'enfant naturel ait plus qu'une part d'enfant légitime le moins prenant; donc dans ce cas la succession se partagera également entre l'enfant naturel et l'enfant légitime.

Mais supposons maintenant que l'enfant naturel légataire renonce à la succession.

Il est bon de faire remarquer tout d'abord qu'il n'y a guère intérêt. Le motif qui porte un héritier à renoncer est en général qu'il veut éviter le rapport. Or ici ce motif n'existe pas puisque les legs sont présumés faits avec dispense de rapport. Donc, même en acceptant, l'enfant naturel n'aurait pas de rapport à faire et il pourrait certainement réclamer son legs jusqu'à concurrence de la quotité disponible et de sa part de réserve cumulées. Pour qu'un intérêt quelconque pousse l'enfant naturel à renoncer, il faut supposer que le *de cujus* a exprimé formellement la volonté de soumettre l'enfant naturel au rapport, ce qui n'est guère pratique.

Qu'on ne dise pas non plus qu'en renonçant il aura l'avantage de ne pas contribuer aux dettes, car les dettes sont nécessairement payées avant l'exécution des legs, et c'est d'un legs et non d'une donation entre-vifs qu'il s'agit dans notre cas.

Quoiqu'il en soit, supposons que l'enfant naturel renonce à la succession, dans quelle mesure peut-il réclamer son legs et sur quelle partie de la succession, (quotité disponible ou réserve) s'imputera ce legs ?

C'est la question fameuse du cumul de la quotité disponible et de la réserve par l'héritier renonçant.

Elle a donné lieu à trois systèmes :

Dans une première opinion, le réservataire renonçant ne peut réclamer son legs que jusqu'à concurrence de la quotité disponible. Il ne peut pas réclamer une part de la réserve. Mais d'autre part il doit imputer son legs sur la part de réserve qu'il eut eue en acceptant, et subsidiairement sur la quotité disponible. (Aubry et Rau, T. VII, p. 216, note 39).

Ce système qui a été admis un instant par la Cour de cassation (Cass. 30 mai 1836. Sir. 36. 1. 459) a été promptement abandonné par elle et à juste raison.

Si en effet, le réservataire doit imputer son legs sur sa part de réserve, c'est qu'il a droit à cette réserve, et dès lors il n'y pas de raison pour que la quotité disponible ne puisse pas lui appartenir aussi bien qu'à un étranger.

C'est ce que décida bientôt la Cour de cassation, consacrant par une série d'arrêts, dont le premier date de 1843, le système du cumul : le réservataire légataire renonçant pouvait réclamer à la fois sa part de réserve et la quotité disponible.

Ce second système a été, lui aussi, justement répudié par la Cour de cassation par un arrêt du 27 novembre 1863, aux termes duquel le réservataire renonçant ne peut avoir droit qu'à la quotité disponible, à charge d'imputer sa

libéralité sur cette quotité même, et nullement sur sa part
de réserve

Sans entrer dans le détail de cette discussion qui est
étrangère à notre sujet, nous dirons simplement que cette
solution se fonde principalement sur trois arguments,
l'un de principe, l'autre de texte, et le troisième basé sur
la raison et l'équité.

En principe, en effet, la réserve n'est autre chose que
la succession *ab intestat* elle-même, réduite en quelque
sorte à sa plus simple expression. Or, l'héritier qui
renonce est censé n'avoir jamais été héritier (art. 785
Cod. civ.); donc il ne saurait prendre part dans la réserve.

En outre, l'article 845 dit formellement, que l'héritier
renonçant peut réclamer son legs jusqu'à concurrence de
la quotité disponible. Donc il ne peut invoquer, outre le
disponible, sa réserve et il doit imputer son legs sur le
disponible lui-même.

Enfin l'opinion contraire qui autorise le réservataire à
cumuler la quotité disponible et la réserve permettrait à
un héritier de se faire lui-même légataire par préciput,
par le seul effet de sa renonciation, alors que le rapport lui
a été formellement imposé par le disposant. (En ce sens,
outre l'arrêt solennel de la Cour de cassation du 27 novembre 1863. Sirey — 63, I. 613 —, Demolombe, tome XIX,
n°s 56 à 61).

Il nous reste maintenant à examiner la situation de
l'enfant naturel en présence d'un ascendant réservataire.

Le *de cujus,* par exemple, laisse son père, sa mère et un enfant naturel qu'il a gratifié par legs.

Dans cette espèce, la quotité disponible se détermine comme si l'enfant naturel était légitime (art. 915); sa réserve est donc de la moitié de la succession sous la déduction d'un huitième pour chaque ligne d'ascendant, soit un quart en tout puisqu'il y a des ascendants dans les deux lignes. La réserve de l'enfant naturel est donc d'un quart : dès lors, s'il refuse la succession, il pourra réclamer son legs jusqu'à concurrence de la quotité disponible, c'est-à-dire un quart, soit en tout les trois quarts de la succession. Si le legs dépasse ce chiffre, il sera réduit.

CHAPITRE VIII

DU CONCOURS DES QUOTITÉS DISPONIBLES

Il suit de la combinaison des articles 908, 913, 914, 915, 1094 et 1098, qu'il existe dans notre droit, suivant les cas, plusieurs mesures de la quotité disponible, ou plus brièvement, plusieurs disponibles :

1° Le disponible ordinaire dont on peut gratifier une personne quelconque, mais qu'on ne saurait dépasser lorsqu'on a des enfants ou des ascendants ; c'est le disponible des articles 913 à 915.

2° Le disponible en faveur de l'enfant naturel. Ce disponible est lui-même variable selon que la disposition est une donation entre vifs ou une donation testamentaire (art. 908),

Au premier cas, il se mesure au droit successoral *ab intestat* de l'enfant naturel et varie par conséquent selon le nombre et la qualité des héritiers légitimes du disposant.

Au second cas, il se confond avec la quotité disponible ordinaire, avec cette restriction pourtant que le disposant ne peut faire à son enfant naturel une situation meilleure que celle de l'enfant légitime le moins prenant.

3° Le disponible en faveur du conjoint, qui est lui-même très variable (art. 1094 et 1098).

Si le disposant laisse des enfants, il y a lieu de distinguer s'ils sont nés du mariage actuel ou d'une union précédente.

Dans les deux cas le disponible a un double maximum :

S'il y a des enfants du mariage actuel, il y a un maximum pour le cas où le disposant gratifie son épouse en usufruit et un autre maximum s'il la gratifie en propriété. Le premier est de la moitié des biens en usufruit. Le second est d'un quart en propriété augmenté d'un quart en usufruit.

S'il y a des enfants d'un premier lit, l'épouse ne peut dépasser au profit de son conjoint ni le quart de ses biens en pleine propriété, ni une part d'enfant le moins prenant.

Si le *de cujus* laisse des ascendants, la quotité disponible en faveur de l'épouse comprenait, d'après le Code civil, outre le disponible ordinaire, l'usufruit de la réserve des ascendants. Mais une loi récente est venue la restreindre aux limites du disponible ordinaire.

Il résulte de là que la quotité disponible varie beaucoup selon que la disposition s'adresse à un tiers quelconque (pratiquement un enfant légitime du disposant), à l'enfant naturel ou au conjoint, et que de plus, pour chacune de ces trois catégories de personnes, elle varie encore suivant le nombre et la qualité des héritiers réservataires (ascendants ou descendants) suivant le mode

de la disposition (entre vifs ou de dernière volonté) et
même suivant son objet (usufruit ou nue propriété).

Cette complication dans la fixation du disponible donne
lieu à bien des difficultés. Il suffit de supposer, pour s'en
rendre compte, que le *de cujus* a disposé à la fois en
faveur d'un tiers ou d'un enfant légitime, d'un enfant
naturel et de son conjoint.

Il est, pour ainsi dire, impossible de trouver une for-
mule simple ou même une série de formules, qui permet-
traient de résoudre toutes les espèces où il y a lieu de
combiner ces disponibles. Les meilleurs auteurs d'ailleurs
ne parviennent pas ici à s'entendre sur les hypothèses les
plus simples et la jurisprudence abonde en décisions
contradictoires, même au sein de la Cour de cassation.
Il suffit pour s'en convaincre de lire les développements
que M. Demolombe consacre à cette matière (*Donations
entre vifs* t. VI, n°s 510 et suivants). Malgré sa puissante
faculté de généralisation et sa merveilleuse clarté, cet
auteur a plutôt exposé que résolu la question. Pourtant il
ne s'agit, dans ces travaux, que de la combinaison du disponible ordinaire avec le disponible conjugal. Ici la difficulté se double, puisque nous faisons intervenir un troisième disponible, celui de l'article 908.

Il est évident tout d'abord que ces trois disponibles ne
sauraient se cumuler. Un tel cumul aboutirait à dépasser
et de beaucoup la totalité des biens du disposant, ce qui
est impossible.

Ainsi, ayant un enfant naturel et mon père, je ne peux

donner les trois quarts de mes biens en propriété à ma femme (art. 1094), plus la moitié de mes biens à un étranger (art. 915), plus les 3/4 de mes biens à mon enfant naturel (art. 908), ce qui aboutirait à donner : $3/4 + 1/2 + 3/4 = 8/4$, c'est-à-dire le double de mon avoir, ce qui est absurde.

Il y a donc lieu de combiner et non de cumuler les disponibles. Sur ce point pas de doute. Reste à savoir d'après quelles règles se fera la combinaison et c'est ici que commencent les difficultés.

Étendant à notre hypothèse, en thèse générale, la théorie de M. de Demolombe en matière de concours de disponible ordinaire et du disponible conjugal (t. VI. n°s 510 et suiv.) on peut poser les trois règles suivantes :

1° Le total des dispositions faites par le *de cujus* soit en faveur de son enfant naturel, soit en faveur d'un étranger ou d'un enfant légitime, soit en faveur de son conjoint ne peuvent pas excéder la quotité disponible la plus forte.

Je vise ici la quotité disponible en propriété et j'entends qu'il faut et qu'il suffit pour que les libéralités échappent à la réduction que la quotité disponible la plus forte n'ait pas été excédée. Si elle l'était, il y aurait cumul des disponibles et nous avons dit que cela était impossible.

Mais cette règle cesse lorsqu'il s'agit du disponible spécial en usufruit qu'un époux peut donner à son épouse. Dans ce cas, il peut très bien arriver que par l'addition de ce disponible en usufruit avec le disponible ordinaire, l'ensemble des libéralités dépasse l'un quelconque des trois disponibles (Demolombe, t. VI, n° 533).

2° Chaque gratifié ne peut rien recevoir au-delà de la quotité disponible qui lui est particulière. Il est clair, en effet, que les articles 913 et 914 seraient violés si l'enfant légitime ou l'étranger recevait une libéralité plus forte que celle dont les articles autorisent la disposition en sa faveur; que l'art. 1094 serait violé si l'époux recevait une quotité plus forte que celle permise par ce texte ; enfin que l'art. 908 serait violé si l'enfant naturel était gratifié au delà de la mesure qu'il fixe.

3° L'enfant naturel, de même que l'enfant légitime ou l'étranger, ne doit pas profiter de l'augmentation de la quotité disponible que l'art. 1094 a établie en faveur de l'époux. De même l'étranger ou l'époux ne doivent pas bénéficier de l'augmentation de quotité disponible qui peut résulter de l'art. 908, au profit de l'enfant naturel.

Présentons quelques hypothèses pour voir l'application de ces règles.

Supposons qu'un déposant, Paul, laisse pour réservataires des ascendants, son père par exemple, et envisageons d'abord simplement le concours de disponible de l'art. 908 avec celui de l'art. 914.

Si Paul a disposé au profit de l'enfant naturel par legs, la quotité disponible est égale à la quotité disponible ordinaire et alors la question de concours de disponibles s'évanouit : il n'y a qu'un seul et même disponible qui

est celui de l'article 914, c'est-à-dire 3/4 en pleine propriété.

Si Paul a disposé au profit de l'enfant naturel par donation entre vifs, la quotité disponible est égale à la part
héréditaire de l'enfant naturel *ab intestat*. Cette part est,
d'après la loi de 1896, des 3/4 en propriété ; elle est donc
précisément égale à la quotité disponible ordinaire et
notre question s'évanouit encore.

Il en serait autrement si Paul laissait à la fois son père
et sa mère ; ici la quotité disponible de l'article 908 serait
encore des 3/4 tandis que le disponible ordinaire de l'article 914 serait réduit à la moitié ; envisageons donc cette
espèce.

Si Paul a d'abord disposé au profit d'un étranger de la
moitié de ses biens il pourra encore en donner le quart
à son enfant naturel.

S'il ne donne rien à son enfant naturel, il ne pourra pas
disposer de ce dernier quart en faveur d'un étranger. Celui-
ci ne saurait rien recevoir au delà de la quotité disponible qui lui est particulière et qui est de la moitié des
biens (2ᵉ règle) ; or cette moitié a été absorbée dans notre
cas par la première donation.

Si Paul a donné d'abord à son enfant naturel la moitié
de ses biens, peut-il encore donner à un étranger le quart
de ses biens sous prétexte que la quotité disponible de
l'article 908 le lui permet ? Non, car cette augmentation
n'est établie qu'en faveur de l'enfant naturel et non en
faveur de l'étranger.

Certes il peut paraître bizarre que la quotité disponible dépende de l'ordre chronologique des dispositions, mais ce résultat est la conséquence du motif même de la loi : c'est au profit de l'enfant naturel seul que la quotité disponible ordinaire a été élargie dans notre hypothèse. Pour se réserver une partie du disponible ordinaire, Paul pourrait stipuler dans la première donation, celle qu'il fait à l'enfant naturel, qu'elle s'imputera tout d'abord, s'il y a lieu, sur l'excédent du disponible de l'article 908 sur celui de l'article 914. De cette façon cette libéralité ne prendra qu'un quart dans le disponible ordinaire et l'autre quart demeurera disponible en faveur de l'étranger.

Faisons maintenant concourir les trois disponibles dans notre même hypothèse où Paul ne laisse pour réservataires que des ascendants. La complication n'est qu'apparente depuis la loi récente qui ramène dans ce cas le disponible conjugal au disponible ordinaire.

Il n'y a donc plus ici trois disponibles en présence, mais seulement deux, celui de l'article 908 et celui de l'article 914 avec lequel se confond dans notre cas le disponible conjugal. L'époux doit donc être assimilé à l'étranger et nous rentrons dans le cas précédent.

Supposons maintenant que les réservataires sont des enfants du disposant.

Paul laisse pour réservataires trois enfants légitimes. Voyons ce qu'il peut donner à son enfant naturel d'une part et d'autre part à un étranger ou à l'un de ses enfants légitimes par préciput : en un mot, examinons le concours du disponible de l'art. 908 avec celui de l'art. 913.

Si Paul dispose au profit de son enfant naturel par legs, la quotité disponible de l'art. 913 se ramène à la quotité disponible ordinaire avec cette restriction qu'il ne peut pas dépasser une part d'enfant le moins prenant. Donc dans ce cas pas de difficulté, il n'y a qu'une seule quotité, celle de l'art. 913 dès lors.

Si Paul donne entre vifs à un étranger ou à un enfant légitime par préciput tout ou partie de cette quotité, il ne pourra léguer à l'enfant naturel que le reste de cette quotité et le legs sera valable car il ne pourra, dans ces conditions, dépasser une part d'enfant le moins prenant, cette part étant d'un quart.

Si Paul dispose au profit de son enfant naturel par donation entre vifs, la quotité disponible est égale à la part héréditaire de cet enfant, *ab intestat*, c'est-à-dire dans l'espèce d'un huitième : elle forme donc une partie du disponible ordinaire qui est d'un quart et ne saurait dès lors l'excéder.

Si Paul a disposé du disponible ordinaire, c'est-à-dire du quart de ses biens au profit d'un étranger, il ne peut donc rien donner à l'enfant naturel et cela en vertu de notre première règle.

S'il dispose d'abord au profit de l'enfant naturel, il ne peut lui donner que le huitième (2e règle) et s'il le lui donne, il s'imputera sur le disponible ordinaire, de telle sorte que Paul ne pourra plus donner à un étranger que la différence du huitième au quart, c'est-à-dire un huitième et non pas le quart en entier (1re règle).

Faisons maintenant intervenir dans notre même hypothèse où Paul laisse un enfant naturel et trois enfants légitimes, le disponible spécial entre époux fixé par l'article 1094, et supposons que Paul veuille en disposer à la fois au profit de son enfant naturel et au profit de son époux : c'est le concours du disponible de l'art. 908 avec le disponible conjugal.

Ici, Paul peut disposer, mais seulement au profit de son épouse, en dehors du disponible ordinaire en propriété, d'un quart en usufruit qui frappera la réserve.

Supposons donc qu'il donne à son épouse par contrat de mariage la moitié en usufruit de ses biens ; que peut-il donner à l'enfant naturel ?

Par donation entre vifs, il peut en général lui donner sa part *ab intestat*, c'est-à-dire ici le huitième de la succession. Le peut-il dans notre cas ? C'est un point controversé.

Dans un premier système admis par la jurisprudence, il ne le peut pas. La moitié en usufruit qui a été donnée à l'épouse équivaut à un quart en propriété, c'est-à-dire qu'elle absorbe le disponible ordinaire, et comme le disponible de l'art. 908 n'est ici qu'une partie de ce disponible ordinaire, la donation entre vifs que Paul ferait à son enfant naturel frapperait nécessairement dans le vide.

Nous pensons au contraire avec M. Demolombe que

cette évaluation de l'usufruit de l'époux en un quart de propriété est impossible. L'usufruit de la moitié des biens donné par Paul à son épouse porte pour un quart sur le disponible ordinaire de telle sorte que la nu-propriété de ce quart demeure libre.

Quant à l'autre quart grevé d'usufruit il appartient à la réserve qui par une exception de faveur pour le conjoint peut être atteinte dans cette mesure au profit de ce dernier.

Donc Paul conserve la disposition d'un quart en nue propriété. Peut-il le donner à l'enfant naturel dans la pensée que ce quart en nue propriété n'excède pas le huitième en pleine propriété dont il lui est permis de disposer en faveur de l'enfant naturel ?

Je crois qu'il faut repousser comme arbitraire une pareille évaluation. Paul ne peut donner à son enfant naturel qu'un huitième en propriété et s'il n'y a plus que de la nue-propriété disponible, il ne poura donner que ce même huitième en nue-propriété. Il conservera évidemment le droit de disposer d'un autre huitième en nue-propriété au profit d'un étranger.

Si nous supposons maintenant que Paul dispose au profit de son enfant naturel par legs, la situation est beaucoup plus simple. Il peut en effet lui léguer la quotité disponible ordinaire. Or, par suite de la donation entre époux que nous avons supposée, la quotité disponible est réduite à un quart en nue-propriété. Paul pourra évidemment la léguer à son enfant naturel.

Les mêmes solutions sont applicables s'il y a plus de trois enfants légitimes avec cette restriction, inapplicable évidemment dans la précédente hypothèse, que le legs fait à l'enfant naturel ne peut pas dépasser une part d'enfant légitime le moins prenant.

Appliquons les mêmes principes au cas où Paul ne laisse qu'un seul enfant légitime, en supposant encore qu'il a donné à son conjoint par contrat de mariage, ce qui est très pratiqué, la moitié de ses biens en usufruit.

La quotité disponible ordinaire se trouve réduite à la moitié en nue propriété, et Paul pourrait certainement en disposer au profit d'un étranger. Le peut-il en faveur de son enfant naturel ?

Par donation entre vifs, il pourrait les gratifier de sa part héréditaire *ab intestat*, qui est dans l'espèce d'un quart en pleine propriété. Or, ce disponible est inapplicable ici, puisqu'il ne reste dans le disponible ordinaire, que de la nue propriété, et que le disponible ordinaire étant le plus fort, ne saurait être dépassé (1ʳᵉ règle).

On pourrait songer à évaluer le quart en pleine propriété, en nue propriété, dire qu'il équivaut à la moitié en nue propriété et permettre ainsi à Paul de donner à son enfant naturel la moitié en nue propriété qui reste libre entre ses mains, et qu'il pourrait certainement donner à un étranger. Cette évaluation nous paraît arbitraire et doit être écartée de même que nous avons écarté l'évaluation de la moitié en usufruit, en un quart en pleine propriété.

Par legs, le *de cujus* pourra donner à l'enfant naturel le reste du disponible ordinaire, c'e st-à-dire la moitié en nue propriété.

DEUXIÈME PARTIE

De la capacité des enfants naturels reconnus pendant le mariage de leur père ou mère (art. 337).

Nous nous proposons d'étudier dans cette deuxième partie la portée de l'article 337 relativement aux libéralités dont un enfant naturel aurait été gratifié dans les conditions prévues par ce texte. L'article dont il s'agit est [ainsi conçu : « La reconnaissance faite pendant le mariage par l'un des époux au profit d'un enfant naturel qu'il aurait eu avant son mariage d'un autre que de son époux ne pourra nuire ni à celui-ci ni aux enfants nés de ce mariage. Néanmoins elle produira son effet après la dissolution de ce mariage s'il n'en reste pas d'enfants ». Nous verrons quels étaient les effets de cet article avant la loi de 1896, quels ils sont depuis la nouvelle législation.

1° Un homme, *Primus*, a d'une concubine, *Secunda*, un enfant naturel, N ; il épouse une femme *Tertia* autre que la mère de cet enfant, et il reconnaît celui-ci pendant le cours du mariage : telle est en somme l'hypothèse que nous avons à examiner.

Le législateur du Code civil, considérant la reconnaissance faite dans une telle situation comme une violation de la foi promise, décide dans l'article 337 qu'elle ne pourrait pas être opposée au conjoint en tant qu'elle pourrait lui nuire pécuniairement, et pour que ce conjoint ne soit pas indirectement atteint dans la personne de ses enfants, la loi ajoute que la reconnaissance ne pourrait pas non plus nuire aux enfants nés du mariage. Comme d'autre part l'ancien article 908 interdisait à l'enfant naturel de recevoir de son auteur par donations ou par legs au-delà de ce qui lui était accordé au titre des successions, on en concluait que l'enfant naturel reconnu dans les conditions de l'article 337 était incapable de recevoir une parcelle quelconque de la succession par donations ou par legs en présence d'enfants légitimes ou du conjoint survivant.

Telle était du moins l'opinion presque unanime de la doctrine qui avait été d'accord avec la jurisprudence jusqu'en 1878, époque où était intervenu un arrêt en sens contraire de la Cour de cassation. La Cour y proclamait « que la disposition rigoureuse de l'article 337 n'a d'autre objet que les droits qui résultent de la reconnaissance d'un enfant naturel dans les conditions qu'elle prévoit et ne peut être appliquée par une interprétation extensive à une libéralité testamentaire ». La cour de Nîmes, dans la même affaire, en son arrêt de juin 1877 avait dit « que

la disposition de l'article 337 est une disposition de
rigueur qui doit être maintenue dans les limites fixées
par le législateur;... que l'enfant naturel reconnu ne peut
se prévaloir dans ce cas de sa qualité pour venir au partage avec les enfants légitimes, qu'il ne peut pas non
plus écarter le conjoint appelé à défaut de successible ;
qu'à cela se borne la prohibition de la loi, attendu que
s'il est vrai que la libéralité faite par donation ou par
testament à l'enfant naturel aura pour conséquence de
lui conférer indirectement un droit que le législateur lui
a dénié, il est non moins vrai qu'il ne viendra pas le
recueillir comme enfant, qu'il le recueillera au même titre
qu'un étranger. De quoi il résulte que l'enfant naturel
reconnu pendant le mariage n'est pas incapable de recevoir un legs de l'auteur de la reconnaissance. »

La doctrine avait vivement protesté contre le système
soutenu par la Cour de Nîmes et la Cour suprême. Il lui
était facile de démontrer que si on donne effet à la donation ou au legs dont l'enfant naturel a été gratifié, on
accorde à l'auteur de la reconnaissance un moyen naturel
et bien simple d'éluder l'article 337 qui alors deviendra
lettre morte.

La question en était là et la doctrine pouvait espérer
triompher, la Cour de cassation elle-même semblant
revenir à son ancienne jurisprudence sur des points de
détail, lorsqu'intervint la loi de 1896 sur les droits successoraux des enfants naturels.

On sait qu'une des principales innovations de cette loi

consiste à autoriser les père et mère des enfants naturels à leur léguer tout ou partie du disponible, sous certaines conditions que nous avons examinées. La prohibition de l'article 908 disparaissant en ce qui concerne les legs, la plus importante sanction de l'article 337 s'évanouit également, et le père de famille pourra disposer de ses biens, au moins par testament, en faveur des enfants reconnus pendant le mariage.

Cette conséquence de la nouvelle loi souleva d'assez vives discussions au Sénat. M. Grivart qui demandait le maintien pur et simple de l'ancien article 908 disait au Sénat le 21 mars 1895 :

« Supprimez, messieurs, la disposition de l'article 908, il ne reste rien de l'article 337, je veux dire rien de sérieux, rien d'efficace. Je sais bien qu'on pourra toujours dire : Mais la reconnaissance ne créera pas de droit héréditaire. Soit. Mais, si vous supprimez la disposition de l'article 908, il y aura la faculté de tester. Mais le père ou la mère qui aura commis cette action que l'on qualifiait l'autre jour d'indigne, d'introduire subrepticement dans la famille pendant le mariage un enfant dont l'existence avait été dissimulée au conjoint, pourra léguer à cet enfant au moins la part réglée par les dispositions au projet de la commission. »

M. Grivart, ainsi que l'honorable M. Pauliat qui intervint à la discussion, semblaient d'ailleurs absolument ignorer l'arrêt de 1878, qui adoptait une théorie contraire à celle qu'ils croyaient en vigueur. C'est ce que leur fit remarquer avec raison M. Thézard, leur signalant l'existence de cet arrêt.

La question fut de nouveau agitée en seconde lecture à la séance du 21 juin. M. Grivart demanda de nouveau contre la commission le maintien de l'ancien article 908 et il reproduisit son argumentation tendant à dire, que la rédaction du nouvel article 908 annihilerait en partie les effets de l'article 337. Après que M. Thézard eût rappelé encore une fois la jurisprudence de la Cour suprême, le rapporteur prit la parole et sur ce point spécial s'exprima en ces termes :

« Suivant M. Grivart, l'article 337, relatif aux reconnaissances faites pendant le mariage, disparaîtrait devant notre disposition sur la liberté testamentaire. Il ne disparaît pas plus que par le Code civil actuel, c'est la même chose... Nous nous en tenons uniquement à l'idée de l'amélioration du sort des enfants naturels. Nous corrigeons ce qui dans le Code civil est trop sévère pour eux, mais nous laissons à la jurisprudence, comme elle l'a fait jusqu'ici, à trancher une foule de questions que nous ne saurions résoudre ».

Il résulte des paroles de M. Dauphin que la commission, estimait que l'arrêt de 1878 atténuait singulièrement la portée de l'article 337 et dans ces conditions elle n'a pas voulu rendre la situation des enfants naturels plus défavorable que sous l'ancienne jurisprudence.

Le texte de la commission du Sénat fut donc adopté et il est devenu celui de la loi de 1896.

Quelle est donc à présent la capacité des enfants naturels reconnus pendant le mariage de leur père ou mère ? Il est facile de l'établir en quelques mots ; deux hypothèses doivent être examinées.

1° *Primus* a fait, pendant son mariage avec *Secunda*, des donations entre vifs à l'enfant naturel qu'il a eu de *Tertia*. L'article 908 nouveau prohibe les donations entre vifs, par conséquent la situation semble tout d'abord être la même qu'avant la loi de 1896 et l'on se trouve en présence du système de la jurisprudence (arrêt de 1878) et de celui de la doctrine que nous avons déjà exposés. Mais si d'après l'article 908 nouveau, les enfants légitimes, les ascendants, les frères et sœurs et descendants d'eux ont le droit d'attaquer les libéralités faites aux enfants naturels, il n'en est pas de même du conjoint. Dans l'espèce donc, et en prenant à la lettre le texte de la loi, on peut se demander si *Secunda* pourra attaquer une donation faite par son mari à un enfant naturel ? Il nous semble cependant que telle n'a jamais été l'intention du législateur.

2° *Primus* a fait des legs à son enfant naturel :

Dans ce cas, il paraît bien qu'il n'y a plus de doute depuis la nouvelle loi : ces legs seront parfaitement valables, l'article 908 ne faisant pas la moindre distinction.

APPENDICE

DE LA CAPACITÉ DES ENFANTS NATURELS INCESTUEUX ET ADULTÉRINS

Même dans l'état de la législation le plus favorable aux enfants naturels, (par exemple au moment de notre droit intermédiaire, après le décret du 12 brumaire an II), on a toujours traité avec rigueur les enfants naturels incestueux et adultérins. Dans les travaux préparatoires de la loi de 1896, les orateurs les plus favorables à la cause de l'enfant naturel, ceux là même qui demandaient l'assimilation pure et simple des enfants naturels aux enfants légitimes, n'ont pas hésité à faire exception pour les enfants de cette classe (V. en particulier les Discours de M. Demôle au Sénat.)

Pourquoi celà ? Sont-ils donc responsables du crime de leur conception ? Les devoirs de la paternité ou de la maternité ne sont-ils pas les mêmes à leur égard que pour les enfants naturels simples ou même légitimes ? Et si l'on fonde les droits des enfants sur la responsabilité des parents, les droits des enfants adultérins et incestueux ne devraient-ils pas être de beaucoup supérieurs à ceux des autres enfants ?

Mais ce n'est pas là justement la raison d'être de l'incapacité des enfants naturels adultérins. Il ne s'agit pas seulement de sanctionner au nom de l'équité, du droit naturel, les obligations des parents. Il s'agit de protéger les bonnes mœurs, le mariage ; et c'est pour cela, c'est dans l'intérêt supérieur de la société qu'on se trouve obligé de frapper des enfants irresponsables.

La loi est en effet rigoureuse à leur égard : on ne peut leur donner que des aliments (article 908). Et tout ce qui leur a été donné au delà peut leur être enlevé, et à la demande de n'importe quel intéressé.

Heureusement, le plus souvent cette incapacité de recevoir restera lettre morte à cause de l'impossibilité où on se trouvera d'établir la filiation adultérine ou incestueuse. Et il se pourra alors en fait que l'enfant incestueux ou adultérin soit mieux traité qu'un enfant naturel simple.